AF203006

Tucholsky  Wagner  Zola  Scott  Sydow  Freud  Schlegel
Turgenev  Wallace  Fonatne

Twain  Walther von der Vogelweide  Fouqué  Friedrich II. von Preußen
Weber  Freiligrath  Frey

Fechner  Fichte  Weiße Rose  von Fallersleben  Kant  Ernst  Richthofen  Frommel

Fehrs  Engels  Fielding  Hölderlin  Tacitus  Dumas
Faber  Flaubert  Eichendorff

Feuerbach  Maximilian I. von Habsburg  Fock  Eliasberg  Zweig  Ebner Eschenbach
Ewald  Eliot  Vergil

Goethe  Elisabeth von Österreich  London

Mendelssohn  Balzac  Shakespeare  Dostojewski  Ganghofer
Trackl  Lichtenberg  Rathenau  Doyle  Gjellerup
Stevenson  Hambruch
Mommsen  Tolstoi  Lenz  Droste-Hülshoff
Thoma  Hanrieder

Dach  Verne  von Arnim  Hägele  Hauff  Humboldt
Karrillon  Reuter  Rousseau  Hagen  Hauptmann  Gautier
Garschin  Baudelaire
Damaschke  Defoe  Hebbel
Descartes

Wolfram von Eschenbach  Schopenhauer  Hegel  Kussmaul  Herder
Bronner  Darwin  Dickens  Rilke  George
Melville  Grimm  Jerome  Bebel
Campe  Horváth  Aristoteles  Proust

Bismarck  Vigny  Barlach  Voltaire  Federer  Herodot
Gengenbach  Heine

Storm  Casanova  Tersteegen  Grillparzer  Georgy
Chamberlain  Lessing  Langbein  Gilm  Gryphius
Brentano  Lafontaine
Strachwitz  Claudius  Schiller  Kralik  Iffland  Sokrates
Bellamy  Schilling
Katharina II. von Rußland  Gerstäcker  Raabe  Gibbon  Tschechow

Löns  Hesse  Hoffmann  Gogol  Wilde  Vulpius
Luther  Heym  Hofmannsthal  Klee  Hölty  Morgenstern  Gleim
Roth  Heyse  Klopstock  Puschkin  Kleist  Goedicke
Luxemburg  La Roche  Homer  Mörike
Machiavelli  Horaz  Musil
Navarra  Aurel  Musset  Kierkegaard  Kraft  Kraus
Nestroy  Marie de France  Lamprecht  Kind  Kirchhoff  Hugo  Moltke

Nietzsche  Nansen  Laotse  Ipsen  Liebknecht
Marx  Lassalle  Gorki  Ringelnatz
von Ossietzky  May  Klett  Leibniz
vom Stein  Lawrence  Irving
Petalozzi  Knigge
Platon  Pückler  Michelangelo  Kock  Kafka
Sachs  Poe  Liebermann  Korolenko
de Sade  Praetorius  Mistral  Zetkin

# Das Büchlein vom Leben nach dem Tode

Gustav Theodor Fechner

# Impressum

Autor: Gustav Theodor Fechner
Umschlagkonzept: toepferschumann, Berlin

Verlag: tradition GmbH, Hamburg
ISBN: 978-3-8424-8955-4
Printed in Germany

Ziel der TREDITION CLASSICS ist es, tausende deutsch- und
fremdsprachige Klassiker wieder in Buchform verfügbar zu
machen. Die Werke wurden eingescannt und digitalisiert. Dadurch
können etwaige Fehler nicht komplett ausgeschlossen werden.
Unsere Kooperationspartner und wir von tradition versuchen, die
Werke bestmöglich zu bearbeiten. Sollten Sie trotzdem einen Fehler
finden, bitten wir diesen zu entschuldigen. Die Rechtschreibung der
Originalausgabe wurde unverändert übernommen. Daher können
sich hinsichtlich der Schreibweise Widersprüche zu der heutigen
Rechtschreibung ergeben.

## Gustav Theodor Fechner

# Das Büchlein vom Leben nach dem Tode

Zuerst erschienen 1836

»Indessen freut es immer, wenn man seine Wurzeln weiter ausdehnt und seine Existenz in andere eingreifen sieht.«

*Schiller am 4. April 1797 an Goethe.*

# Gustav Theodor Fechner

## Das Büchlein
### vom
## Leben nach dem Tode

„Indessen freut es immer, wenn man seine
Wurzeln weiter ausdehnt und seine Existenz
in andere eingreifen sieht."

Schiller am 4. April 1797 an Goethe.

Mit einem Geleitwort von Wilhelm Wundt

Im Insel=Verlag zu Leipzig

# Geleitwort von Wilhelm Wundt

Die Zeit, da Fechners philosophische Schriften zuerst in die Öffentlichkeit traten, war für ihre Wirkung die denkbar ungünstigste. Als die drei Bände des »Zendavesta«, dieser umfassendsten Darstellung seiner Anschauungen, im Jahre 1851 erschienen, beherrschten ganz andere Interessen die wissenschaftliche Welt. Die Naturphilosophie hatte gründlich Fiasko gemacht, auch der Stern der Hegelschen Philosophie war verblichen; der Pessimist Schopenhauer harrte in Frankfurt noch immer vergebens der Wiederauferstehung seines vergessenen Werkes, an die damals außer ihm niemand glaubte. Ludwig Feuerbach und in den folgenden Jahren der in seinen Spuren wandelnde physiologische Materialismus kamen dem populären philosophischen Bedürfnisse entgegen, während sich die strengere Wissenschaft auf ihre Spezialgebiete zurückzog und die Philosophie überhaupt meist für einen überwundenen Standpunkt ansah. Wie konnte da ein Werk, das sich schon auf dem Titel als eine Lehre von den Dingen des Himmels und des Jenseits ankündigte, als etwas anderes denn als ein phantastischer Traum erscheinen, der mit Wissenschaft überhaupt nichts zu tun habe!

Fechner hat schwer unter dieser Ungunst der Zeiten gelitten. Er ist nicht müde geworden, die Überzeugungen, die er gewonnen und durch die er sich beglückt fühlte, immer wieder in neuer Gestalt der Welt zu verkünden. Dem »Zendavesta« ließ er kleinere Schriften folgen, in der Hoffnung, daß die kürzere Form der Verbreitung seiner Gedanken förderlicher sei. In dem Vorwort zu der Schrift »Über die Seelenfrage« sagt er: Einem Publikum, das sich durchaus nicht aus dem Bette alter Ansichten zurechtfinden könne, habe er zum erstenmal in seinem »Büchlein vom Leben nach dem Tode« zugerufen: »Steh auf!« Als man ihn nicht gehört, da habe er wieder und wieder gesprochen: »Steh auf!« »Jetzt rufe ich ein fünftes Mal, und, wenn ich lebe, werde ich noch ein sechstes und siebentes Mal ›Steh auf!‹ rufen, und immer wird es nur dasselbe ›Steh auf!‹ sein. Aber zum Rufe, der eine schlafende Welt aufwecken soll, gehört ein starker Atem; ich bin nur ein Atemzug in diesem Atem.«

Am meisten verwahrt er sich gegen den Namen eines Phantasten. Einen Phantasten, so meint er, nenne man mit Recht denjenigen, der irgendwo im Himmel oder auf Erden Dinge als wirklich annehme, die den sichergestellten Gesetzen der Erscheinungswelt widersprechen und für die sich gar keine Gründe in dem Zusammenhang der Erfahrung aufzeigen ließen. In diesem Sinne sei z. B. die Lehre von der Seelenwanderung phantastisch, oder sei es phantastisch, anzunehmen, daß die menschliche Seele in einer Sonne oder einem Planeten oder irgendwo sonst in einer fernen Welt weiterlebe. Phantastisch sei daher im Grunde auch die ganze heute herrschende religiöse Weltanschauung, weil sie zwischen der Welt unseres gegenwärtigen und der unseres künftigen Daseins gar keine Vermittelungen oder Beziehungen anerkenne. Man zeige mir aber einmal, so fragt er, den Punkt, wo meine Ansicht den feststehenden Tatsachen widerspricht! Man wird diesen Punkt nirgends finden. Im Gegenteil, was ich lehre, das ist aus der Anschauung der wirklichen Natur und des wirklichen Lebens geschöpft. Allerdings ist es in dieser für uns unmittelbar erfaßbaren Wirklichkeit der Dinge nicht selbst schon enthalten. Aber die Philosophie ist ihm überhaupt nicht Sache des Wissens, sondern des Glaubens. Man kann eine Weltanschauung nicht beweisen, wie man einen mathematischen Lehrsatz beweisen kann, und man kann sie nicht empirisch aufzeigen, wie man eine Naturerscheinung beobachten kann. In dieser Beziehung stehen ihm Philosophie und Religion auf gleichem Boden. Die Philosophie steht aber zugleich in der Mitte zwischen Religion und Wissenschaft. Sie hat beide zu versöhnen, indem sie eine Weltanschauung entwickelt, die mit den Ergebnissen der Wissenschaft im Einklang bleibt, während sie den religiösen Gemütsbedürfnissen Befriedigung schafft.

Man sieht, Fechner stellt der Philosophie eine andere Aufgabe, als sie ihr von allen denen gestellt zu werden pflegt, die dieselbe als eine wissenschaftliche ansehen. Von den großen Philosophen der Vergangenheit gibt es kaum einen, der in Fechners Schriften seltener genannt wird als Kant. Von der Forderung Kants, die seitdem ein Axiom der wissenschaftlichen Philosophie geblieben ist, ehe man über das Wesen der Dinge selbst irgend etwas aussage, müsse vor allem die Fähigkeit unseres Erkenntnisvermögens zu solchen Aussagen geprüft werden, von dieser Forderung ist Fechners Philosophie völlig unberührt geblieben. Man würde sich in ihr vergeblich nach etwas umsehen, was als Erkenntnistheorie oder als Ethik im wissenschaftlichen Sinne, als eine kritische Untersuchung der Prinzipien des menschlichen Handelns, angesprochen werden könnte. Darum würde man aber auch diese Philosophie mit einem falschen Maßstabe messen, wenn man den der wissenschaftlichen Philosophie an sie anlegen wollte. Dies will sie grundsätzlich nicht sein. Vielmehr besteht sie ebensowohl in einer Umdeutung der religiösen Glaubensinhalte wie in einer Ergänzung der wissenschaftlichen Ergebnisse, wobei jene Umdeutung und diese Ergänzung in einer Weise vorgenommen werden sollen, daß sich Glaube und Wissen zu einer einzigen, in sich harmonischen, den Wissenstrieb wie das Glücksbedürfnis des Menschen befriedigenden Weltanschauung vereinigen. Darum ist Fechners Philosophie wesentlich Religionsphilosophie oder, vielleicht noch treffender ausgedrückt, Theodizee. Aber sie ist keine Theodizee im Leibnizschen Sinne. Sie macht nicht den Versuch, das christliche Dogmensystem mit einer zunächst unabhängig von ihr entstandenen Philosophie in Einklang zu bringen. Dem Dogma steht Fechner vollkommen frei gegenüber. Es ist ihm eine Hülle, die den religiösen Kern des christlichen Glaubens häufiger verbirgt als schützt. Um so mehr gilt ihm dieser Kern selbst als ein unveräußerliches Gut der Menschheit.

Man wird nach allem dem Fechner recht geben müssen, wenn er den Namen eines Phantasten ablehnt. In der Tat, seine Philosophie ist phantasievoll, aber phantastisch im Sinne eines die Wirklichkeit willkürlich verändernden Spieles der Phantasie ist sie nicht. Freilich bietet sie überall bloße Denkmöglichkeiten. Mehr zu leisten macht sie sich aber auch nicht anheischig. Die Rechtfertigung dieses Standpunktes sieht eben Fechner darin, daß der Glaube überhaupt nicht ein abgesondertes Reich neben dem Wissen sei, sondern daß er mitten in dieses hineinreiche, zur Verbindung und Ergänzung seiner Bestandteile unentbehrlich sei. Wenn wir annehmen, daß andere Menschen ein Bewußtsein in sich tragen, ähnlich dem unsern, oder daß in fernen Räumen und Zeiten des Weltalls nicht weniger wie in der uns umgebenden Welt das Gesetz der Kausalität gelte, so seien auch solche für die Wissenschaft unentbehrliche Voraussetzungen im Grunde nur eine Sache des Glaubens. Vollends die Annahmen über die Materie und ihre Kräfte, über die allgemeinsten Gesetze der Natur und des geistigen Lebens, sie verraten sich schon dadurch als Glaubenssätze, daß in ihnen keineswegs irgendeine Einmütigkeit erzielt ist. Manche von ihnen hält man offenbar nur darum für gewiß, weil man sich an sie gewöhnt hat. Bei diesem Punkte setzt nun Fechners Philosophie ein. Er verlangt, daß man zwischen dem eigentlichen Wissen und dem bloßen Glauben streng unterscheide und daß man nicht Glaubensinhalte deshalb schon als wahr annehme, weil sie uns überliefert oder in allgemeiner Geltung sind. Vielmehr, so unentbehrlich der Glaube sei, um das Wissen zu ergänzen, so könne doch nur dies als das Kriterium eines berechtigten Glaubens angesehen werden, daß er eine solche Ergänzung in befriedigender Weise zustande bringe. Dieses Kriterium versagt nun nach seiner festen Überzeugung bei den Glaubensinhalten der gewöhnlichen Weltansicht, wie sie von der heutigen Wissenschaft sanktioniert ist. Er sieht es dagegen in vollem Maße erfüllt bei seiner eigenen Weltansicht, die in den wesentlichsten Beziehungen die Umkehrung jener ist. Es ist das Bewußtsein dieses Gegensatzes, verbunden mit dem festen Glauben an den beglückenden Inhalt seiner Lehre, was Fechners philosophischen Schriften einen eigentümlichen Reiz verleiht. Er will nicht bloß durch Argumente überzeugen, sondern er hat etwas von dem Geiste eines Propheten in sich, der die Menschheit von eingewurzelten Irrtümern befreien und sie des Glückes der neuen Gottes- und Welterkenntnis teilhaftig machen möchte, die sich ihm selbst offenbart hat.

# Erstes Kapitel

Der Mensch lebt auf der Erde nicht einmal, sondern dreimal. Seine erste Lebensstufe ist ein steter Schlaf, die zweite eine Abwechselung zwischen Schlaf und Wachen, die dritte ein ewiges Wachen.

Auf der ersten Stufe lebt der Mensch einsam im Dunkel, auf der zweiten lebt er gesellig aber gesondert neben und zwischen andern in einem Lichte, das ihm die Oberfläche abspiegelt, auf der dritten verflicht sich sein Leben mit dem von andern Geistern zu einem höhern Leben in dem höchsten Geiste, und schaut er in das Wesen der endlichen Dinge.

Auf der ersten Stufe entwickelt sich der Körper aus dem Keime und erschafft sich seine Werkzeuge für die zweite; auf der zweiten entwickelt sich der Geist aus dem Keime und erschafft sich seine Werkzeuge für die dritte; auf der dritten entwickelt sich der göttliche Keim, der in jedes Menschen Geiste liegt und schon hier in ein für uns dunkles, für den Geist der dritten Stufe tageshelles Jenseits durch Ahnung, Glaube, Gefühl und Instinkt des Genius über den Menschen hinausweist.

Der Übergang von der ersten zur zweiten Lebensstufe heißt Geburt; der Übergang von der zweiten zur dritten heißt Tod.

Der Weg, auf dem wir von der zweiten zur dritten Stufe übergehen, ist nicht finstrer als der, auf dem wir von der ersten zur zweiten gelangen. Der eine führt zum äußern, der andere zum innern Schauen der Welt.

Wie aber das Kind auf der ersten Stufe noch blind und taub ist für allen Glanz und alle Musik des Lebens auf der zweiten und seine Geburt aus dem warmen Mutterleibe ihm hart ankommt und es schmerzt, und wie es einen Augenblick in der Geburt gibt, wo es die Zerstörung seines früheren Daseins als Tod fühlt, bevor noch das Erwachen zum äußern neuen Sein stattfindet, so wissen wir in unserm jetzigen Dasein, wo unser ganzes Bewußtsein noch im engen Körper gebunden liegt, noch nichts vom Glanze und der Musik und der Herrlichkeit und Freiheit des Lebens auf der dritten Stufe und halten leicht den engen dunkeln Gang, der uns dahin führt, für einen blinden Sack, aus dem kein Ausgang sei. Aber der Tod ist nur eine zweite Geburt zu einem freiern Sein, wobei der Geist seine enge Hülle sprengt und liegen und verfaulen läßt, wie das Kind die seine bei der ersten Geburt.

Danach wird alles, was uns mit unsern jetzigen Sinnen äußerlich und gleichsam nur aus der Ferne nahe gebracht wird, in seiner Innerlichkeit von uns durchdrungen und empfunden werden. Der Geist wird nicht mehr vorüberstreifen am Berge und Grase, er wird nicht mehr, umgeben von der ganzen Wonne des Frühlings, doch von der Wehmut gequält werden, daß das alles ihm nur äußerlich bleibt, sondern er wird Berg und Gras durchdringen und jenes Stärke und dessen Lust im Wachsen fühlen; er wird sich nicht mehr abmühen, durch Worte und Gebärde einen Gedanken in andern zu erzeugen, sondern in der unmittelbaren Einwirkung der Geister aufeinander, die nicht mehr durch die Körper getrennt, sondern durch die Körper verbunden werden, wird die Lust der Gedankenzeugung bestehen; er wird nicht äußerlich den zurückgelassenen Lieben erscheinen, sondern er wird in ihren innersten Seelen wohnen, als Teil derselben, in ihnen und durch sie denken und handeln.

# Zweites Kapitel

Das Kind im Mutterleibe hat bloß einen Körpergeist, den Bildungstrieb. Die Schöpfung und Entwickelung der Gliedmaßen, womit es aus sich herauswächst, sind seine Handlungen. Es hat noch nicht das Gefühl, daß diese Glieder sein Eigentum sind, denn es gebraucht sie nicht und kann sie nicht gebrauchen. Ein schönes Auge, ein schöner Mund sind ihm bloß schöne Gegenstände, die es geschaffen, unwissend, daß sie einst dienstbare Teile seines Selbst sein werden. Sie sind für eine folgende Welt gemacht, wovon das Kind noch nichts weiß; es stößt sie aus vermöge eines ihm selbst dunkeln Triebes, der nur in der Organisation der Mutter klar begründet liegt.[1] Aber so, wie das Kind zur zweiten Lebensstufe reif, die Organe seines bisherigen Schaffens abstreift und dahinten läßt, sieht es sich plötzlich als selbstkräftige Einheit aller seiner Schöpfungen. Dieses Auge, dieses Ohr, dieser Mund sind jetzt ihm zugehörig, und wenn es erst nach dunkelem eingebornen Gefühle dieselben schuf, so lernt es jetzt deren köstlichen Gebrauch kennen. Die Welt des Lichts, der Farben, der Töne, der Düfte, des Geschmacks und Gefühls gehen ihm erst jetzt in den dazu erschaffenen Werkzeugen auf, wohl ihm, wenn es sie brauchbar und tüchtig schuf.

Das Verhältnis der ersten Stufe zur zweiten wird gesteigert wiederkehren im Verhältnisse der zweiten zur dritten. Unser ganzes Handeln und Wollen in dieser Welt ist eben so nur berechnet, uns einen Organismus zu schaffen, den wir in der folgenden Welt als unser Selbst erblicken und brauchen sollen. Alle geistigen Wirkungen, alle Folgen der Kraftäußerungen, die bei Lebzeiten eines Menschen von ihm ausgehen und sich durch die Menschenwelt und Natur hindurchziehen, sind schon durch ein geheimes, unsichtbares Band miteinander verbunden, sie sind die geistigen Gliedmaßen des

---

[1] Dem Physiologen läßt sich bezeichnender sagen: das schaffende Prinzip des Kindes liegt vor der Geburt nicht in dem, was nach der Geburt von ihm fortleben wird, was ja jetzt erst das Abhängige ist, das Geschaffene, sondern in dem, was vom Kinde bei der Geburt in Rückstand bleiben und verderben wird, wie der Leib des Menschen im Tode (placenta cum funiculo umbilicali, velamentis ovi eorumque liquoribus), aus seiner Tätigkeit, als seine Fortsetzung wächst der junge Mensch hervor.

Menschen, die er bei Lebzeiten treibt, verbunden zu einem geistigen Körper, zu einem Organismus von rastlos weitergreifenden Kräften und Wirkungen, deren Bewußtsein noch außer ihm liegt und die er daher, obwohl untrennbar mit seinem jetzigen Sein zusammengesponnen, doch nur im Ausgangspunkte von demselben für sein erkennt. Im Augenblick des Todes aber, wo sich der Mensch von den Organen scheidet, an welche seine schaffende Kraft hier geknüpft war, erhält er auf einmal das Bewußtsein alles dessen, was als Folge seiner frühern Lebensäußerungen in der Welt von Ideen, Kräften, Wirkungen fortlebt, fortwirkt und, als *einem* Quell organisch entflossen, auch noch seine organische Einheit in sich trägt, die aber nun lebendig, selbstbewußt, selbstkräftig wird und in der Menschheit und Natur mit eigener individueller Machtvollkommenheit nach eigener Bestimmung waltet.

Was irgend jemand während seines Lebens zur Schöpfung, Gestaltung oder Bewahrung der durch die Menschheit und Natur sich ziehenden Ideen beigetragen hat, das ist sein unsterblicher Teil, der auf der dritten Stufe noch fortwirken wird, wenn auch der Leib, an den die wirkende Kraft auf der zweiten geknüpft war, lange verfault ist. Was Millionen gestorbener Menschen geschaffen, gehandelt, gedacht haben, ist nicht mit ihnen gestorben, noch wird es wieder zerstört von dem, was die nächsten Millionen schaffen, handeln, denken, sondern es wirkt in diesen fort, entwickelt sich in ihnen selbstlebendig weiter, treibt sie nach einem großen Ziele, das sie selbst nicht sehen.

Freilich erscheint uns dieses ideale Fortleben nur als eine Abstraktion und das Fortwirken des Geistes der gestorbenen Menschen in den Lebenden nur als ein leeres Gedankending. Aber nur darum erscheint es uns so, weil wir keine Sinne haben, die Geister auf der dritten Stufe in ihrem wahren, die Natur erfüllenden und durchdringenden Sein zu erfassen, bloß die Anknüpfungspunkte ihres Daseins an unseres können wir erkennen, den Teil, mit dem sie in uns hineingewachsen sind und der uns eben unter der Form jener Ideen erscheint, die sich von ihnen in uns fortgepflanzt haben.

Ob der Wellenkreis, den ein versinkender Stein im Wasser hinterließ, um jeden Stein, der noch daraus hervorragt, durch seinen Anprall einen neuen Wellenkreis erregt, bleibt es doch *ein* in sich zusammenhängender Kreis, der alle erregt und in seinem Umfang trägt; die Steine aber wissen nur um die Zerstückelung der Umfangskreise. Wir sind solche unwissende Steine, nur daß wir, ungleich festen Steinen, selbst jeder schon im Leben einen zusammenhängenden Kreis von Wirkungen um uns schlagen, der sich nicht bloß um andere, sondern in andere hinein verbreitet.

In der Tat schon während seiner Lebzeiten wächst jeder Mensch mit seinen Wirkungen in andere hinein durch Wort, Beispiel, Schrift und Tat. Schon als Goethe lebte, trugen Millionen Mitlebende Funken seines Geistes in sich, an denen neue Lichter entbrannten; schon als Napoleon lebte, drang seines Geistes Kraft in fast die ganze Mitwelt ein; als beide starben, starben diese Lebenszweige, die sie in die Mitwelt getrieben, nicht mit; bloß die Triebkraft neuer diesseitiger Zweige erlosch, und das Wachstum und die Fortentwickelung dieser von *einem* Individuum ausgegangenen, in ihrer Gesamtheit *ein* Individuum wieder bildenden Ausgeburten geschieht jetzt mit einem gleichen inwohnenden, von uns freilich nicht zu erfassenden Selbstbewußtsein, als früher ihr erstes Hervortreiben. Noch leben ein Goethe, ein Schiller, ein Napoleon, ein Luther unter uns, in uns als selbstbewußte, schon höher als bei ihrem Tode entwickelte, in uns denkende und handelnde, Ideen zeugende und fortentwickelnde Individuen, jeder nicht mehr eingeschlossen in einen engen Leib, sondern ergossen durch die Welt, die sie bei Lebzeiten bildeten, erfreuten, beherrschten, und weit hinausreichend mit ihrem Selbst über die Wirkungen, die wir noch von ihnen spüren.

Das größte Beispiel eines mächtigen Geistes, der noch in der Nachwelt fortlebt und fortwirkt, haben wir an Christo. Es ist nicht ein leeres Wort, daß Christus in seinen Bekennern lebe; jeder echte Christ trägt ihn nicht bloß vergleichungsweise, sondern wahrhaft lebendig in sich; jeder ist seiner teilhaftig, der in seinem Sinne handelt und denkt, denn eben nur Christi Geist wirkt in ihm dieses Handeln und Denken. Er hat sich ausgebreitet durch die ganzen Glieder seiner Gemeine, und alle hängen durch seinen Geist zusammen wie die Äpfel eines Stammes, wie die Reben eines Weinstocks.

»Denn gleich wie *ein* Leib ist und hat doch viele Glieder, alle Glieder aber *eines* Leibes, wiewohl ihrer viele sind, sind sie doch *ein* Leib, also auch Christus« (1. Kor. 12,12).[2]

Aber nicht bloß die größten Geister, sondern jeder tüchtige Mensch erwacht in der folgenden Welt mit einem selbstgeschaffenen, eine Einheit unendlicher geistiger Schöpfungen, Wirkungen, Momente in sich befassenden Organismus, der einen größern oder kleinern Umfang erfüllen und mehr oder weniger Fortentwickelungskraft haben wird, je nachdem der Geist des Menschen selbst bei Lebzeiten weiter und kräftiger um sich griff. Wer aber hier an der Scholle klebte und seinen Geist nur brauchte, seine Materie zu bewegen, zu nähren und zu vergnügen, von dem wird auch nur ein bedeutungsloses Wesen übrigbleiben. Und so wird der Reichste der Ärmste werden, wenn er sein Geld nur austut, um seine Kraft zu sparen, und der Ärmste der Reichste, wenn er seine Kraft austut, sein Leben redlich zu gewinnen. Denn was jeder hier austut, wird er dort haben, und das Geld dort nur gelten, was es des Geltenden geschaffen.

Die Rätsel unsers jetzigen Geisteslebens, der Durst nach Erforschung der Wahrheit, die uns zum Teil hier nichts frommt, das Streben jedes rechten Geistes, Werke zu schaffen, die bloß der Nachwelt zugute kommen, das Gewissen mit der Reue, das uns eine unergründliche Angst wegen schlechter Handlungen einpflanzt, die uns doch hier keine Nachteile bringen, gehen aus ahnenden Vorgefühlen hervor, was uns alles dies in jener Welt eintragen wird, wo selbst die Frucht unsrer kleinsten und verborgensten Tätigkeit uns als ein Teil unseres Selbst anheimfällt.

Das ist die große Gerechtigkeit der Schöpfung, daß jeder sich die Bedingungen seines zukünftigen Seins selbst schafft. Die Handlungen werden dem Menschen nicht durch äußerliche Belohnung oder Strafen vergolten; es gibt keinen Himmel und keine Hölle im gewöhnlichen Sinne der Christen, Juden und Heiden, wohin die Seele nach dem Tode käme; sie macht weder einen Sprung aufwärts noch einen Fall abwärts, noch einen Stillstand; sie zerplatzt nicht, sie zerfließt nicht in das Allgemeine; sondern nachdem sie die große

---

[2] Viele biblische Parallelstellen hierzu sind zusammengestellt in »Zendavesta« III, S. 363 ff. und den »Drei Motiven und Gründen des Glaubens«, S. 178.

Stufenkrankheit, den Tod, überstanden, entwickelt sie sich nach der unwandelbaren, jede spätere Stufe über dem Grunde der früheren aufbauenden Folgerichtigkeit der Natur auf der Erde ruhig weiter fort in einem und zu einem höheren Sein; und je nachdem der Mensch gut oder schlecht, edel oder gemein gehandelt, fleißig oder müßig gewesen, wird er im folgenden Leben einen gesunden oder kranken, einen schönen oder häßlichen, einen starken oder schwachen Organismus als sein Eigentum finden, und seine freie Tätigkeit in dieser Welt wird seine Stellung zu den andern Geistern, seinen Schicksalsweg, seine Anlagen und Talente für das weitere Fortschreiten in jener Welt bestimmen.

Darum seid rüstig und wacker. Denn wer hier langsam geht, wird dort lahm gehen, und wer seine Augen nicht auftut, wird dort ein blödes Gesicht haben, und wer Falschheit und Bosheit übt, wird seine Disharmonie mit dem Chor der wahren und guten Geister als Schmerz fühlen, der ihn noch in jener Welt treiben wird, das Übel zu bessern und zu heilen, was er in dieser verschuldet, und ihn nicht Rast und Ruhe finden lassen wird, bis er auch seine kleinste und letzte Übeltat abgestreift und abgebüßt. Und wenn die andern Geister schon lange in Gott ruhen, oder vielmehr leben als Teilhaber seiner Gedanken, wird er noch umgetrieben werden im Trübsal und in der Wandelbarkeit des Lebens auf der Erde, und sein Seelenübel wird die Menschen plagen mit Ideen des Irrtums und Aberglaubens, sie führen zu Laster und Torheiten, und indem er selbst dahinten bleibt auf seinem Wege in der dritten Welt zur Vollendung, wird er auch sie, in denen er fortlebt, zurückhalten auf ihrem Wege in der zweiten zur dritten.

Wie lange aber auch das Unwahre, Böse und Gemeine noch fortwirken um seinen Bestand mit dem Wahren, Schönen, Rechten ringen möge, es wird zuletzt durch dessen immer wachsende Macht bezwungen, durch seine eigenen mit wachsender Kraft zurückschlagenden Folgen vernichtet werden, und so wird nichts von aller Lüge, aller Bosheit, allem Schmutz in der Seele des Menschen endlich übrigbleiben. Nur das ist der ewige unvergängliche Teil des Menschen, was an ihm wahr, schön und gut ist. Und wenn nur ein Senfkorn davon in ihm ist – in wem aber keines wäre, der wäre nicht –, so wird es zuletzt gereinigt von Spreu und Schlacken durch das, nur den Bösen quälende, Fegefeuer des Lebens auf der dritten

Stufe übrigbleiben und, wenn auch spät, noch zum herrlichen Baume wachsen können.

Freut euch auch, ihr, deren Geist hier gestählt ist durch Trübsal und Schmerz, euch wird die Übung zugute kommen, die hier im wackeren Kampfe mit den Hindernissen gegen euer Fortschreiten gefunden, und kräftiger geboren in das neue Dasein, werdet ihr rascher und freudiger einholen, was euer Geschick euch hier versäumen ließ.

# Drittes Kapitel

Der Mensch verbraucht viele Mittel zu *einem* Zwecke, Gott dient *ein* Mittel zu vielen Zwecken.

Die Pflanze denkt, sie sei bloß für sich da, zu wachsen, im Winde sich zu schaukeln, Licht und Luft zu trinken, Düfte und Farben zu bereiten für ihren eigenen Schmuck, mit Käfern und Bienen zu spielen; – sie ist auch für sich da, aber zugleich ist sie nur eine Pore der Erde, worin sich Licht, Luft und Wasser begegnen und verwickeln in Prozessen, wichtig für das ganze Erdenleben; sie ist da, um für die Erde auszudünsten, zu atmen, ihr ein grünes Kleid zu weben und Menschen und Tieren Stoff zu Nahrung, Kleidung und Wärme darzubieten.

Der Mensch denkt, er sei bloß für sich da, sich zu vergnügen, zu wirken und zu schaffen für sein eignes leibliches und geistiges Wachstum; – er ist auch für sich da, aber zugleich ist sein Leib und Geist nur eine Wohnung, worein höhere fremde Geister eintreten, sich verwickeln und entwickeln und allerlei Prozesse untereinander treiben, die zugleich das Fühlen und Denken des Menschen sind und ihre höhere Bedeutung für die dritte Lebensstufe haben.

Des Menschen Geist ist ununterscheidbar zugleich sein Eigentum und das Eigentum jener höheren Geister, und was darin vorgeht, gehört stets beiden zugleich an, aber auf verschiedene Weise.

Gleichwie in dieser Figur, die kein *Abbild*, sondern nur ein Symbol oder *Gleichnis* sein soll, der in der Mitte stehende bunte (hier schwarz scheinende) sechsstrahlige Stern als ein Selbständiges, seine innere Einheit in sich Tragendes, betrachtet werden kann, dessen Strahlen alle von seinem Mittelpunkt abhängig und einheitlich dadurch verknüpft sind, anderseits aber doch wieder zusammengeflossen erscheint aus der Verkettung der sechs einfach gefärbten Kreise, deren jeder auch seine innere Einheit für sich hat, und wie jeder Strahl desselben sowohl ihm selbst als den Kreisen, durch deren Ineinandergreifen er entsteht, angehört, so ist es mit der menschlichen Seele.

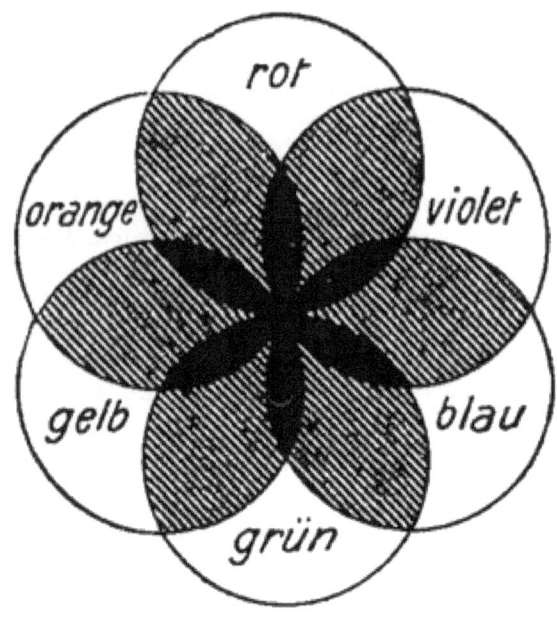

Der Mensch weiß oft nicht, woher ihm seine Gedanken kommen, es fällt ihm etwas ein; es wandelt ihn eine Sehnsucht, eine Bangigkeit oder Lust an, von der er sich keine Rechenschaft zu geben vermag; es drängt ihn eine Macht zu handeln oder es mahnt ihn eine Stimme davon ab, ohne daß er sich eines eignen Grundes bewußt ist. Das sind Anwandlungen von Geistern, die in ihn hineindenken, in ihn hineinhandeln von einem andern Mittelpunkte aus, als seinem eignen. Noch augenfälliger werden ihre Wirkungen in uns, wenn in abnormen Zuständen (des Schlafwachens oder geistiger Krankheit) das eigentlich gegenseitige Abhängigkeitsverhältnis zwischen ihnen und uns sich zu ihren Gunsten entschieden hat, so daß wir nur noch passiv aufnehmen, was uns von ihnen zufließt, ohne Rückwirkung von unserer Seite.

Solange aber der menschliche Geist wach und gesund ist, ist er nicht das willenlose Spiel oder Produkt der Geister, die in ihn hineinwachsen oder aus denen er zusammengewachsen erscheint; sondern das, was ebendiese Geister verknüpft, der unsichtbare urlebenskräftige Mittelpunkt voll geistiger Anziehungskraft, in den alle zusammenströmen, in dem sich alle kreuzen und durch wechselseitigen Verkehr miteinander die Gedanken zeugen, dieser ist nicht erst durch die Kreuzung der Geister entstanden, sondern ist dem Menschen als sein Ureigentum bei der Zeugung eingeboren; und der freie Wille, die Selbstbestimmung, das Selbstbewußtsein, die Vernunft und der Grund aller geistigen Vermögen liegen hierin enthalten. Aber alles das liegt bei der Geburt noch darin wie in einem unaufgeschlossenen Keime, erst harrend der Entwickelung zum Organismus voll lebensvoller individueller Wirklichkeit. Sowie der Mensch in das Leben getreten ist, spüren es die fremden Geister und drängen sich von allen Seiten heran und suchen seine Kraft zu der ihrigen zu machen, um durch sie ein Moment ihrer selbst zu verstärken, aber indem ihnen dies gelingt, wird zugleich dies Moment Eigentum des Menschengeistes selbst, wird ihm eingebildet und trägt zu seiner Entwickelung bei.

Die in den Menschen eingewachsenen fremden Geister sind ebensowohl, obschon in anderer Weise, dem Einflusse des menschlichen Willens unterworfen, als der Mensch von fremden Geistern abhängig ist; er kann ebensowohl aus der Mitte seines geistigen Seins Neues in die in ihm verknüpften Geister hineingebären, als diese auf sein Innerstes bestimmend einwirken können; aber in dem harmonisch entwickelten Geistesleben hat kein Wille die Obermacht über den andern. Da jeder fremde Geist nur einen Teil seines Selbst mit dem einzelnen Menschen in Gemeinschaft hat, so kann der Wille des einzelnen Menschen nur einen anregenden Einfluß auf ihn haben, der mit seinem ganzen übrigen Teile außer dem Menschen liegt; und da jeder menschliche Geist eine Gemeinschaft sehr verschiedener fremder Geister in sich schließt, so kann der Wille eines einzelnen darunter auch nur einen anregenden Einfluß auf den ganzen Menschen haben, und nur, wenn der Mensch mit freier Willkür sich ganz seines Selbst an einzelne Geister entäußert, wird er der Fähigkeit verlustig, sie zu bemeistern.

Nicht alle Geister können unterschiedslos in derselben Seele zur Einheit sich verknüpfen; darum streiten sich die guten und die bösen, die wahren und die Lügengeister um den Besitz derselben, und wer im Streite siegt, behält das Feld. Der innere Zwiespalt, der so oft im Menschen Platz hat, ist nichts als dieser Kampf fremder Geister, die seinen Willen, seine Vernunft, kurz sein innerstes Wesen für sich gewinnen wollen. Wie der Mensch die Einigung der in ihm wohnenden Geister empfindet als Ruhe, Klarheit, Harmonie und Sicherheit seiner selbst, empfindet er ihren Kampf in sich als Unruhe, Zweifel, Schwanken, Verwirrung und Entzweiung seines Innern. Aber nicht als müheloser Preis oder träge Beute fällt er den stärkeren Geistern in diesem Streite anheim, sondern mit dem Quell selbsttätiger Kraft im Mittelpunkte seines Wesens steht er zwischen den entgegenstrebenden Kräften inne, die ihn an sich ziehen wollen, und streitet mit für welchen Teil er will, und vermag so den Sieg auch für den schwächern Antrieb zu entscheiden, indem er ihm seine Kraft gegen den stärkeren beigesellt. So bleibt das Selbst des Menschen inmitten des Geisterstreites ungefährdet, solange er sich die angeborene Freiheit seiner Kraft bewahrt und nicht müde wird, sie zu gebrauchen. Fällt er dennoch so oft den bösen Geistern anheim, so ist es darum, weil die Kraftentwickelung aus seinem Innern mit Mühseligkeit verbunden ist; und so reicht, um böse zu werden, oft hin, nur faul und lässig zu sein.

Je besser der Mensch schon ist, um so leichter wird es ihm, noch besser zu werden, und je schlechter er ist, um so leichter verdirbt er ganz und gar. Denn der gute Mensch hat schon viel gute Geister in sich aufgenommen, die sich nun mit ihm verbünden gegen die zurückgebliebenen und die neu andrängenden bösen Geister, und ihm die Kraftentwickelung aus seinem Innern ersparen. Der Gute tut das Gute ohne Mühe, seine Geister tun es für ihn; der Schlechte muß aber erst aus innerer Kraft alle bösen Geister dämpfen und überwinden, die ihm dabei entgegenstreben.

Zudem sucht und knüpft sich Verwandtes an Verwandtes und flieht sein Gegenteil, wenn es dasselbe nicht zwingt. Die guten Geister in uns locken die guten Geister außer uns, und die bösen Geister in uns das Böse außer uns. Gern kehren die reinen Geister in eine reine Seele ein, und an dem Bösen in uns faßt uns das Böse außer uns. Haben die guten Geister erst in unserer Seele überhand genommen, so flieht bald von selbst auch der letzte Teufel, der noch darin zurückgeblieben ist, es ist ihm in der guten Gesellschaft nicht geheuer; und so wird die Seele guter Menschen eine reine himmlische Wohnung für selige darin beieinander wohnende Geister. Aber auch die guten Geister, wenn sie verzweifeln, den übermächtig gewordenen bösen eine Seele abzustreiten, überlassen sie ihnen allein, und so wird sie zuletzt zu einer Hölle, einem Orte bloß für die Qualen der Verdammten. Denn die Pein des Gewissens und die innere Zerstörung und Ruhelosigkeit in der Seele der Bösen sind Schmerzen, welche nicht diese allein, sondern mit noch bitterem Wehe die verdammten Geister in ihnen fühlen.

# Viertes Kapitel

Indem die höheren Geister nicht bloß in einzelnen Menschen wohnen, sondern indem jeder sich in mehrere hineinverzweigt, sind sie es, die diese Menschen auf geistige Weise verknüpfen, sei es zu *einer* Form des Glaubens, oder *einer* Wahrheit, *einer* moralischen oder politischen Bestrebung. Alle Menschen, die irgendeine geistige Gemeinschaft miteinander haben, gehören zum Leibe eines und desselben Geistes zusammen und gehorchen der Idee, die von ihm in sie eingegangen ist, wie zusammengehörige Glieder. Oft lebt eine Idee in einem ganzen Volke auf einmal, oft wird eine Masse Menschen zu einer und derselben Tat begeistert: das ist ein mächtiger Geist, der sie alle überkommt, in alle epidemisch hineinstrahlt. Freilich nicht bloß durch die Geister der Toten geschehen diese Verknüpfungen, sondern unzählige neugeborene Ideen wirken von den Lebenden in die Lebenden hinein, aber alle diese Ideen, die vom Lebenden in die Welt gehen, sind ja schon Glieder seines künftigen geistigen Organismus.

Wenn nun zwei verwandte Geister in der Menschheit sich begegnen und durch ihre gemeinschaftlichen Momente verwachsen, indes sie sich zugleich durch ihre verschiedenartigen wechselseitig bestimmen und bereichern, so treten zugleich die Gesellschaften, Geschlechter, Völker, denen sie erst einzeln innewohnten, in geistige Gemeinschaft und bereichern sich durch ihr geistiges Besitztum. So geht die Entwicklung des Geisterlebens dritter Stufe in der Menschheit untrennbar mit der Entwickelung, dem Fortschritte der Menschheit Hand in Hand. Die allmähliche Ausbildung des Staats, der Wissenschaften, der Künste, des menschlichen Verkehrs, die Organisation dieser Lebenssphären zu immer größern harmonisch gegliederten Ganzen ist die Folge dieses Zusammenwachsens von unzähligen geistigen Individualitäten, die in der Menschheit leben und weben, zu größern geistigen Organismen.

Wie möchten auch sonst jene großartigen Sphären sich nach so unwandelbaren Ideen herausgestalten aus dem wirren egoistischen Treiben der einzelnen, die mit ihrem kurzsichtigen Auge in der Mitte nicht den Umfang und im Umfang nicht die Mitte erblicken, wenn nicht die klar durch das Ganze schauenden höhern Geister durchwirkten durch das Getriebe, und indem sie sich alle um das gemeinsame göttliche Zentrum drängen, und dabei zusammenfließen mit ihren göttlichen Teilen, auch die Menschen, in denen sie wirken, dem höhern Ziele vereint zuführten.

Aber neben der Harmonie der Geister, die sich freundlich begegnen und gatten, besteht auch ein Kampf der Geister, deren Wesen im Widerspruch ist, ein Kampf, in dem alles in endlichem Zwist Befangene sich zuletzt aufreiben wird, damit das Ewige in seiner Reinheit allein übrigbleibe. Auch dieses Kampfes Spuren zeigt die Menschheit auf im Streit der Systeme, im Haß der Sekten, in den Kriegen und Empörungen zwischen den Fürsten und Völkern und den Völkern untereinander.

In alle diese großen geistigen Bewegungen tritt die Masse der Menschen hinein mit blindem Glauben, mit blindem Gehorsam, mit blindem Haß, mit blinder Wut; sie hört nicht und sieht nicht mit den Ohren und Augen des eignen Geistes; sie wird getrieben von fremden Geistern nach Zwecken und Zielen, von denen sie selbst nicht weiß, sie läßt sich führen durch Sklaverei und Tod und greuliche Drangsale, wie eine Herde folgend dem Antriebe der höhern Geister.

Freilich gibt es auch Menschen, die mit klarem Selbstbewußtsein und mit innerer Selbständigkeit handelnd und leitend in diese große Bewegung eingreifen. Aber sie sind nur freiwillige Mittel zu großen vorbestimmten Zwecken; durch ihr freies Handeln zwar vermögend, die Art und Schnelligkeit, aber nicht das Ziel des Fortschritts zu bestimmen. Nur die haben Großes in der Welt gewirkt, welche die geistige Richtung der Gegenwart, in der sie lebten, erkannt und ihr freies Handeln und Denken nach dieser Richtung gelenkt haben; wohl ebenso große Menschengeister, die ihr widerstrebten, sind untergegangen. Jene hat sich der Geist, der die besseren Ziele setzt und bessern Wege dazu kennt, zu neuen Mittelpunkten seiner bewegenden Kraft ausersehen; nicht als blinde Werkzeuge, sondern als solche, welche aus eignem Antriebe und mit eignem Verstande seinen Rechten und seiner Weisheit dienen. Nicht der gezwungene Sklave verrichtet den bessern Dienst. Womit sie aber Gott diesseits zu dienen beginnen, das werden sie jenseits als Teilhaber seiner himmlischen Herrschaft weiter führen.

# Fünftes Kapitel

Wohl auf manchen Wegen mögen die Geister der Lebenden und Toten sich unbewußt begegnen, auf manchen auch nur bewußt von einer Seite. Wer kann diesen ganzen Verkehr verfolgen und ergründen. Sagen wir nur kurz: sie begegnen sich, wenn sie sich mit Bewußtsein begegnen, und die Verstorbenen sind da, wo sie mit Bewußtsein da sind.

Ein Mittel gibts bewußtester Begegnung zwischen den Lebenden und Verstorbenen; es ist das Andenken der Lebenden an die Verstorbenen. Unsere Aufmerksamkeit auf die Verstorbenen richten, heißt ihre Aufmerksamkeit für uns wecken, wie ein Reiz, der einen Lebendigen trifft, seine Aufmerksamkeit gleichsam dahin lockt, wo er ihn trifft.

Ist doch unser Andenken an die Verstorbenen nur eine in uns bewußt gewordene, sich auf sie zurückwendende Folge ihres diesseitigen bewußten Lebens, das jenseitige aber wird infolge des diesseitigen geführt.

Auch wenn ein Lebender an einen Lebenden denkt, mags einen Zug auf dessen Bewußtsein geben; doch er wirkt nichts, weil dessen Bewußtsein noch ganz in den Banden seines engen Leibes gefesselt liegt. Das durch den Tod entfesselte Bewußtsein aber sucht seine Stätte und folgt dem Zuge, der darauf geäußert wird, so leichter und so stärker, je öfter und je stärker er zuvor darauf geäußert ward.

Wie nun ein und derselbe körperliche Schlag stets zweiseitig vom Schlagenden und vom Geschlagenen zugleich gefühlt wird, ist es nur *ein* Bewußtseinsschlag, der in der Erinnerung an einen Verstorbenen zweiseitig gefühlt wird. Wir irren, nur die diesseitige Bewußtseinsseite für da haltend, weil wir die jenseitige nicht spüren; und dieser Irrtum hat Folgen des Irrtums und der Versäumnis.

Einer Geliebten ist der Geliebte, einer Gattin der Gatte, einer Mutter das Kind entrissen worden. Umsonst suchen sie in einem fernen Himmel das von ihnen abgerissene Stück Lebens, strecken umsonst Blick und Hand ins Leere nach dem, was gar nicht wahrhaft von ihnen abgerissen worden ist, nur der Faden äußeren Verständnisses ist abgerissen, weil aus dem durch äußere Sinne vermittelten Verkehr, in dem beide sich verstanden, ein innerer unmittelbarer durch den inneren Sinn geworden ist, in dem sie sich noch nicht verstehen gelernt.

Einst sah ich eine Mutter ihr noch lebendiges Kind mit Ängsten in Haus und Garten suchen, das sie auf dem Arme trug. Größer noch der Irrtum jener, die das verstorbene in einer fernen Leere sucht, wonach sie nur ins Innere zu blicken hätte, um es bei sich zu finden. Und findet sie es da nicht ganz, hatte sie es denn ganz, da sie es äußerlich auf dem Arme trug? Die Vorteile des äußeren Verkehrs, das äußere Wort, den äußeren Blick, die äußere Wege kann sie nicht mehr haben und geben; die Vorteile des inneren erst jetzt haben und geben; sie muß nur wissen, daß es einen innern Verkehr und Vorteile eines solchen gibt. Man spricht mit dem nicht, reicht die Hand nicht dem, von dem man meint, er sei nicht da. Wißt ihr aber alles recht, so wird ein neues Leben der Lebendigen mit den Toten beginnen, und mit den Lebendigen die Toten zugleich dabei gewinnen.

Denkt eines Verstorbenen nur recht – und nicht bloß der Gedanke an den Verstorbenen, der Verstorbene selbst ist im Momente da. Ihr könnt ihn innerlich beschwören, er muß kommen, ihn festhalten, er muß bleiben, haltet nur Sinn und Gedanken auf ihm fest. Denkt seiner mit Liebe oder Haß, er wird es spüren; – mit stärkerer Liebe, stärkerm Haß, er wird es stärker spüren. Sonst hattet ihr wohl Erinnerung an die Toten; nun wißt ihr sie zu brauchen, könnt einen Verstorbenen noch wissentlich mit eurem Andenken beglücken oder plagen, euch mit ihm versöhnen oder unversöhnlich streiten, nicht euch bloß wissentlich, auch ihm. Tuts stets im besten Sinne; und sorgt nun aber auch, daß das Andenken, was ihr selber hinterlaßt, euch künftig selber fromme.

Wohl dem, der einen Schatz von Liebe, Achtung, Verehrung, Bewunderung im Andenken der Menschen hinter sich gelassen. Was er fürs diesseitige Leben hinter sich gelassen, gewinnt er mit dem Tode, indem er das zusammenfassende Bewußtsein für alles gewinnt, was die Nachgelassenen von ihm denken; hebt damit den Scheffel, von dem er im Leben bloß einzelne Körner zählte. Das gehört zu den Schätzen, die wir für den Himmel sammeln sollen.

Weh dem, welchem Verwünschungen, Fluch, ein Andenken voll Schrecken folgen. Die ihm im Diesseits folgten, holen ihn im Tode ein; das gehört zu der Hölle, die seiner wartet. Jedes Wehe, das ihm nachgerufen wird, ist ein ihm nachgesandter Pfeil, der in sein Inneres eindringt.

Nur in der Gesamtheit der Folgen aber, die das Gute und Schlechte aus sich selbst gebiert, vollendet sich die Gerechtigkeit. Wohl müssen die Gerechten, die hier verkannt werden, davon noch im Jenseits wie von einem äußern Übel leiden, und den Ungerechten wird ein ungerechter Nachruhm als wie ein äußeres Gut zustatten kommen; also halte deinen Ruf hienieden möglichst rein, und stelle dein Licht nicht unter den Scheffel. Aber unter den Geistern des Jenseits selbst hört das Verkennen auf; was unten falsch gewogen wird, wird oben recht gewogen, und durch eine Zulage auf der anderen Seite überwogen. Die himmlische Gerechtigkeit überbietet endlich alle irdische Ungerechtigkeit.

Was immer das Andenken an die Toten weckt, ist ein Mittel, sie herbeizurufen.

An jedem Feste, was wir den Toten geben, steigen sie herauf; um jede Statue schweben sie, die wir ihnen setzen; bei jedem Liede, das ihre Taten singt, hören sie mit zu. Ein Lebenskeim für eine neue Kunst! wie war sie schon gealtert, wie müde, die alten Schauspiele den alten Zuschauern immer von neuem vorzuführen. Nun öffnet sich auf einmal gleichsam über dem Parterre mit der untern Schicht der alten Zuschauer ein Kreis von Logen, aus dem sie eine höhere Gesellschaft niederschauen sieht; und nicht, wie die unten, sondern wie die oben es haben möchten, zu schaffen, ist fortan ihr höchstes Ziel; die unten aber sollen es haben wollen, wie die es oben möchten.

Die Spötter spotten, und die Kirchen streiten. Es gilt ein Geheimnis, widervernünftig für die einen, übervernünftig für die andern, beides, weil den einen wie den andern ein größeres Geheimnis ganz verborgen blieb, aus dessen Offenbarung endlich einfach und klar fließt, woran der Verstand der Spötter und die Einigkeit der Kirchen gescheitert. Denn nur ein größtes Beispiel einer allgemeinsten Regel ists, worin sie eine Ausnahme von aller Regel oder über aller Regel sehen.

Nicht bloß mit einem Leib aus Mehl und Wasser geht Christus bei seinem Gedächtnismahle in die Gläubigen ein; genieß es recht mit dem Gedanken seiner, und er wird mit seinem Gedanken nicht bloß bei dir, sondern in dir sein; – je mehr du an ihn denkst, so mehr; je stärker, mit so stärkerer Kraft wird er dich stärken; doch denkst du seiner nicht, so bleibt es Mehl und Wasser und gemeiner Wein.

# Sechstes Kapitel

Die Sehnsucht, die jedem Menschen inwohnt, denen, die ihm hier am liebsten waren, nach dem Tode wieder zu begegnen, mit ihnen zu verkehren und das frühere Verhältnis zu erneuern, wird in vollkommnerem Grade erfüllt werden, als je geahnt und versprochen worden.

Denn nicht bloß begegnen werden sich in jenem Leben die, welche in diesem durch ein gemeinschaftliches geistiges Element verknüpft waren, sondern in eins zusammenwachsen werden sie durch dies Element; es wird ein ihnen gemeinschaftliches Seelenglied werden, das beiden mit gleichem Bewußtsein angehört.

Denn schon jetzt sind ja die Toten mit den Lebenden, wie die Lebenden selbst untereinander, durch unzählige solche gemeinschaftliche Elemente verwachsen; aber erst, wenn der Tod den Knoten löst, den der Körper um die Seele jedes Lebenden zieht, wird zur Verknüpfung des Bewußtseins auch das Bewußtsein der Verknüpfung treten.

Jeder wird im Augenblicke des Todes erkennen, daß das, was sein Geist von früher Verstorbenen aufnahm oder mit ihnen gemeinschaftlich hatte, auch diesen Geistern immer noch mit angehört, und so wird er nicht wie ein fremder Gast in die dritte Welt eintreten, sondern wie ein längst Erwarteter, dem alle, mit denen er hier durch eine Gemeinschaft des Glaubens, des Wissens, der Liebe verknüpft war, die Hände entgegenstrecken werden, ihn an sich zu ziehen als ein ihnen zugehöriges Wesen.

In gleich innige Gemeinschaft werden wir auch treten mit jenen großen Toten, die lange vor unserer Zeit die zweite Lebensstufe durchwandert und an deren Beispiel und Lehre sich unser Geist gebildet. So, wer hier ganz in Christo lebte, der wird dort ganz in Christo sein. Aber seine Individualität wird nicht erlöschen in der höhern Individualität, sondern nur Kraft gewinnen in ihr und jener Kraft zugleich verstärken. Denn welche Geister miteinander verwachsen durch ihre gleichen Momente, die gewinnen jeder des andern Kraft zu ihrer eignen und bestimmen sich zugleich durch das damit zusammenhängende Verschiedene.

So werden sich manche Geister gegenseitig verstärken durch große Teile ihres Wesens, andere auch nur verknüpft sein durch einzelne zusammenfallende Momente.

Nicht alle diese Verknüpfungen, die auf die Gemeinschaftlichkeit eines geistigen Moments gegründet sind, werden bleiben; aber die werden bleiben, deren Moment der Wahrheit, Schönheit oder Tugend angehört.

Alles, was nicht die ewige Harmonie in sich trägt, wird, wenn es auch dieses Leben noch überdauert, doch endlich in sich zerfallen und eine Zerspaltung der Geister bewirken, die eine Zeitlang dadurch zu einem verwerflichen Bunde vereinigt waren.

Die meisten geistigen Momente, die im jetzigen Leben sich entwickeln und die wir in das folgende mit hinübernehmen, tragen zwar einen Kern des Wahren, Guten und Schönen in sich, aber eingehüllt durch viel Zusatz des Unwesentlichen, Falschen, Verkehrten und Verderbten. Welche Geister durch solche Momente zusammenhängen, die können verbunden bleiben oder sich trennen; je nachdem sie sich beide vereinigen, das Gute und Beste darin festzuhalten und das Schlechte den bösen Geistern, bei ihrer Scheidung von ihnen, allein zurückzulassen oder je nachdem der eine das Gute, der andere das Schlechte ergreift.

Welche Geister aber einmal sich einer Form oder Idee des Wahren, Schönen oder Guten in ihrer ewigen Reinheit gemeinschaftlich bemächtigt haben, die bleiben auch durch sie verbunden in alle Ewigkeit und besitzen sie auf dieselbe Weise als Teil ihrer selbst in ewiger Einigkeit.

Das Erfassen der ewigen Ideen von den höhern Geistern ist daher ein Zusammenwachsen derselben durch diese Ideen zu größern geistigen Organismen; und wie alle individualen Ideen in allgemeinen und diese in allgemeinern wurzeln, so werden zuletzt alle Geister als Gliedmaßen mit dem größten Geiste, mit Gott, zusammenhängen.

Die Geisterwelt in ihrer Vollendung wird daher nicht eine Versammlung, sondern ein Baum von Geistern sein, dessen Wurzel in dem Irdischen eingewachsen ist und dessen Krone in den Himmel reicht.

Nur die größten und edelsten Geister, Christus, die Genien und Heiligen, vermögen unmittelbar mit ihrem besten Teile bis zur innern Höhe Gottes hinanzuwachsen; die kleineren und geringeren wurzeln in sie wie Zweige in Äste und Äste in Stämme ein, und hängen so mittelbar durch sie mit dem, was in dem Höchsten das Höchste ist, zusammen.

So sind die gestorbenen Genien und Heiligen die wahren Vermittler zwischen Gott und den Menschen; sie sind zugleich der Ideen Gottes teilhaftig, führen sie den Menschen zu, zugleich empfinden sie die Leiden, Freuden und Wünsche der Menschen, und führen sie Gott zu.

Hat sich doch der Kultus der Toten mit dem vergötternden Naturkultus gleich im Ursprunge der Religion halb verschwistert, halb geteilt; die rohsten Völker haben das Meiste, die gebildetsten das Höchste davon behalten, und wo gäb es heut noch eine, die nicht ein großes Bruchstück davon als ihr Hauptstück bewahrte.

Und so sollt es in jeder Stadt einen Tempel ihrer größten Toten geben, angebaut an den Tempel Gottes oder in ihm eingebaut, indes man Christus wie bisher mit Gott selbst im selben Zimmer wohnen lasse.

# Siebentes Kapitel

»Wir sehen jetzt durch einen Spiegel in einem dunkeln Wort;
dann aber von Angesicht zu Angesicht. Jetzt erkenne ich es
stückweise; dann aber werde ich es erkennen, gleichwie ich
erkannt bin.«

1. Kor. 13, 12.

Der Mensch führt hier zugleich ein äußeres und ein inneres Leben, das erste allen sichtbar und vernehmbar in Blick, in Wort, in
Schrift, in äußeren Handlungen und Werken, das letzte nur ihm
selbst vernehmbar in inneren Gedanken und Gefühlen. Vom sichtbaren ist auch die Fortsetzung ins Äußere sichtbar, leicht verfolgbar;
die Fortsetzung des unsichtbaren bleibt selber unsichtbar, doch fehlt
nicht. Vielmehr setzt mit dem äußeren Leben des Menschen, als sein
Kern, das innere sich über den diesseitigen Menschen fort, den Kern
des jenseitigen zu bilden.

In der Tat, was von dem Menschen während seines Lebens den
Lebenden sichtbar und spürbar ausgeht, ist nicht das einzige, was
von ihm ausgeht. So klein und fein eine Erzitterung oder Schwin-
gung sei, von der eine bewußte Regung in unserem Haupte getragen wird, das ganze Spiel bewußter Regungen aber wird von einem
inneren Spiele unseres Hauptes getragen, sie kann nicht anders
erlöschen, als daß sie Fortwirkungen ihrer Art in uns und endlich
über uns hinaus erzeugt; wir können sie nur nicht ins Äußere hinein
verfolgen. So wenig die Laute ihr Spiel für sich behalten kann, es
wird über sie hinausgetragen, so wenig unser Haupt; nur das
Nächste davon gehört der Laute und dem Haupte.

Welch unsagbar verwickelt Spiel von Wellen hoher Ordnung, die
in dem Spiele unserer Häupter den Ursprung haben, mag über dem
groben niederen Spiel, was unserem Aug und Ohr draußen ver-
nehmlich ist, sich verbreiten, vergleichbar feinsten Kräuselungen
über den großen Wellen eines Teiches, oder Zeichnungen ohne
Dicke über der Fläche eines dickmaschigen Teppichs, der von ihnen
die ganze Schönheit und höhere Bedeutung hat. Der Physiker aber
erkennt und verfolgt nur das Spiel der Wellen niederer Ordnung
draußen und kümmert sich nicht um das feinere, was er nicht er-

kennt. – Ob er es nicht erkennt, doch kennt er das Prinzip, darf er die Folge leugnen?[3]

Also erschöpft das, was von den Geistern durch die Fortwirkungen ihres äußerlich spürbaren diesseitigen Lebens in uns eingegangen ist, auch nicht ihr ganzes Dasein; sondern auf uns unfaßbare Weise besteht in der Natur zu diesem äußeren Teile ihres Wesens noch ein innerer, ja der Hauptteil ihres Wesens. Und hätte ein Mensch auf einer wüsten Insel sein Leben geführt und beschlossen, ohne je in anderer Menschen Leben eingegriffen zu haben, er würde doch nach seinem inneren Wesen kernhaft fortbestehen, einer künftigen Entwickelung harrend, die er im diesseitigen Wechselverkehr mit anderen nicht finden konnte.

Hätte anderseits ein Kind nur einen Augenblick gelebt, es könnte in Ewigkeit nicht wieder sterben. Der kleinste Moment bewußten Lebens schlägt schon einen Kreis von Wirkungen um sich, wie der kürzeste Ton, der im Moment erloschen scheint, solchen um sich schlägt, der den Ton ins Unendliche über den nahe Stehenden und Hörenden hinaus trägt, denn keine Wirkung erlöscht in sich selbst, und jede zeugt in Ewigkeit neue Wirkungen ihrer Art. Und so wird sich der Geist des Kindes von diesen bewußten Anfängen aus wie der jenes vereinsamt gebliebenen Menschen noch fortentwickeln; nur anders, als war es von einem schon fortentwickelten Anfang aus geschehen.

Wie nun der Mensch erst im Tode das volle Bewußtsein dessen erhält, was er in andern geistig gezeugt, wird er auch im Tode erst zum vollen Bewußtsein und Gebrauch dessen gelangen, was er in sich selbst getrieben. Was er während seines Lebens gesammelt an geistigen Schätzen, was sein Gedächtnis erfüllt, was sein Gefühl durchdringt, was sein Verstand und seine Phantasie geschaffen,

---

[3] Mag man das Nervenspiel auf chemische oder elektrische Prozesse zurückführen, immer wird man, wenn nicht selbst ein Spiel von Schwingungen letzter Teilchen darin zu sehen, doch solches wesentlich dadurch erweckt oder davon mitgeführt zu halten haben, wobei das Unwägbare eine wichtigere Rolle als das Wägbare spielen mag. Schwingungen aber können nur scheinbar erloschen, indem sie sich in die Umgebung ausbreiten, oder, wenn ja durch Übergang ihrer lebendigen Kraft in sogenannte Spannkraft zeitweis erlöschend, doch nach dem Gesetze der Erhaltung der Kraft einer Wiederbelebung in irgendwelcher Form harren.

bleibt ewig sein! Doch der ganze Zusammenhang davon bleibt diesseits dunkel; bloß der Gedanke schreitet mit einer lichten Ampel
hindurch und beleuchtet, was auf der schmalen Linie seines Weges
liegt, das andere bleibt im Dunkel. Nimmer wird der Geist hienieden seiner ganzen innern Fülle auf einmal gewahr; bloß indem ein
Moment desselben ein neues zur Verknüpfung herbeilockt, taucht
es einen Augenblick aus dem Dunkel hervor und sinkt im nächsten
wieder dahin zurück. So ist der Mensch Fremdling in seinem eignen
Geiste und irrt darin herum, dem Zufall folgend oder mühsam am
Faden des Schlusses seinen Weg suchend, und vergißt oft seine
besten Schätze, die abseits von der leuchtenden Spur des Gedan-
kens versenkt liegen im Dunkel, was des Geistes weites Gefilde
deckt. Aber im Augenblicke des Todes, wo eine ewige Nacht das
Auge seines Körpers überzieht, wird es zu tagen beginnen in seinem Geiste. Da wird der Mittelpunkt des innern Menschen zu einer
Sonne entbrennen, welche alles Geistige in ihm durchleuchten und
zugleich als inneres Auge durchschauen wird mit überirdischer
Klarheit. Alles, was er hier vergessen, findet er da wieder, ja er ver-
gaß es diesseits nur, weil es ihm voraus ins Jenseits ging, gesammelt
findet er es nun wieder. In jener neuen allgemeinen Klarheit wird er
nicht mehr mühsam zusammensuchen müssen, was er verknüpfen
mochte, und zerstückeln in seine Merkmale, was er scheiden möchte, sondern mit *einem* Augenschlage wird alles, was in ihm selbst ist,
gleichzeitig von ihm erblickt werden in seinen Verhältnissen der
Einheit und des Widerspruchs, des Zusammenhanges und der
Trennung, der Harmonie und des Zwiespalts, nicht bloß nach *einer*
Richtung des Denkens, sondern gleichzeitig nach allen.[4]  So hoch
der Flug und das Auge des Vogels über dem langsamen Kriechen
der blinden Raupe schwebt, die nichts erkennt, als was ihr träger
Schritt berührt, wird jene höhere Erkenntnisweise sich erheben über
die unsre. Und so werden im Tode mit dem Leibe des Menschen
auch sein Sinn, sein Verstand, ja der ganze auf diese Endlichkeit

---

[4] Schon bei Annäherungen an den Tod im Diesseits (durch Narkose, oder im
Moment des eben drohenden Ertrinkens, oder im Schlafwachen) kommen Annäherungen an diese den geistigen Inhalt auf einmal durchleuchtende Klarheit
vor, wovon Beispiele in »Zendavesta« III, S. 27 und (Fälle bei drohendem Ertrin-
ken) in Fechners Zentralbl. für Naturwiss. u. Anthropologie 1853, S. 43 u. 623
verzeichnet sind.

berechnete Bau seines Geistes untergehen, als Formen, die zu eng geworden für sein Wesen, als Glieder, die ihm nichts mehr nützen in einer Ordnung der Dinge, wo er alles, was sie einzeln, mühsam, unvollkommen ihm schaffen und erschließen müßten, auf einmal unvermittelt in sich haben, schauen und genießen wird. Das Selbst des Menschen aber wird unversehrt in seiner vollen Ausbreitung und Entwickelung bestehen in jener Zertrümmerung seiner zeitlichen Formen, und an die Stelle jener erloschenen niedern Tätigkeitsweise wird ein höheres Leben treten. Beschwichtigt ist alle Unruhe der Gedanken, die sich ja nicht mehr zu suchen brauchen, um sich zu finden, und nicht mehr zueinander zu bewegen, um sich ihres Verhältnisses bewußt zu werden. Aber dafür beginnt nun ein höheres Wechselleben von Geistern, mit Geistern; wie die Gedanken miteinander in unserm Geiste, verkehren jene zusammen in dem höheren Geiste, den oder dessen alles verknüpfende Mitte wir Gott nennen, und unser Gedankenspiel selbst ist nur eine Verzweigung dieses Verkehrs. Da wird es keiner Sprache mehr bedürfen, sich gegenseitig zu verstehen, und keines Auges, den andern zu erkennen, sondern wie in uns der Gedanke den Gedanken versteht und auf ihn einwirkt, ohne Vermittelung von Ohr und Mund und Hand, sich mit ihm verbindet oder von ihm scheidet ohne fremdes Band und ohne Scheidewand, so heimlich, innig und unvermittelt wird das Wechselleben der Geister untereinander sein. Und keinem wird im andern mehr etwas verborgen bleiben. Da werden alle sündigen Gedanken, die hier im Dunkel des Geistes schlichen, und alles, was der Mensch in sich bedecken möchte vor seinesgleichen mit tausend Händen, offenkundig werden allen Geistern. Und nur der Geist, der hier ganz rein und wahr gewesen, wird ohne Scham in jener Welt den andern entgegentreten können; und wer verkannt gewesen hier auf Erden, der wird dort seine Anerkennung finden.

Und auch am eignen Wesen wird der Geist bei seiner Selbstdurchschauung gewahren jede Lücke und was noch unvollendet, störend, disharmonisch darin zurückgeblieben ist aus diesem Leben, und nicht bloß erkennen wird er diese Mängel, sondern fühlen mit gleicher Stärke des Gemeingefühls, als wir unsre körperlichen Gebrechen. Wie aber in uns der Gedanke am Gedanken sich reinigt von dem, was unwahr in ihm ist, und wie sich die Gedanken verknüpfen durch ihre gemeinsamen Momente zu höhern Gedanken, und jeder sich dadurch ergänzt in dem, was jedem fehlt, so werden auch die Geister in ihrem gegenseitigen Verkehr die Mittel ihres Fortschritts zur Vollendung finden.

# Achtes Kapitel

Der Mensch verkehrt während seines Lebens nicht allein geistig, sondern auch materiell mit der Natur.

Wärme, Luft, Wasser und Erde dringen von allen Seiten in ihn hinein und strömen nach allen Seiten aus ihm wieder zurück, schaffen und wechseln seinen Leib; aber indem sie, die außer dem Menschen nur nebeneinander hergehen, sich in ihm begegnen und kreuzen, knüpfen sie einen Knoten, der des Menschen leibliches Gefühl und hiermit zugleich alles, was noch innerlicher ist als dies Gefühl, abschließt vom Gefühle der Außenwelt. Nur durch die Fenster der Sinne vermag er noch aus seinem leiblichen Gehäuse in die Außenwelt hineinzusehen und hineinzufühlen und wie mit kleinen Eimern etwas daraus zu schöpfen.

Wenn aber der Mensch sterben wird, so wird sich mit dem Verfaulen seines Leibes jener Knoten lösen, und der Geist, nicht mehr durch ihn gefesselt, wird sich nun mit völliger Freiheit durch die Natur ergießen. Er wird nicht mehr bloß die Licht- und Schallwellen empfinden, wie sie an sein Auge und Ohr schlagen, sondern wie sie im Äther- und Luftmeere selbst fortrollen, nicht mehr bloß das Anwehen des Windes und das Anwogen des Meeres gegen seinen darin gebadeten Leib fühlen, sondern in der Luft und dem Meere selbst rauschen; nicht mehr äußerlich im Waldes- und Wiesengrün wandeln, sondern Wald und Wiese mit den darin wandelnden Menschen fühlend durchdringen.

So geht ihm also nichts verloren im Übergange zu der höhern Stufe, als Werkzeuge, deren beschränkten Dienst er missen kann in einem Dasein, wo er vollständig und unvermittelt alles in sich tragen und empfinden wird, was auf der niedern Stufe ihm durch jene träge Vermittelung nur einzeln und äußerlich nahe trat. Was sollten wir auch in das folgende Leben noch Auge und Ohr mit hinübernehmen, um das Licht und den Schall zu schöpfen aus dem Borne der lebendigen Natur, da der Wellenzug unseres künftigen Lebens mit der Licht- und Schallwelle in eins gehen wird? Doch mehr!

Das Auge des Menschen ist nur ein kleines sonnenhaftes Fleckchen auf der Erde und hat vom ganzen Himmel nichts als lichte

Pünktchen. Das Verlangen des Menschen, vom Himmel mehr zu wissen, wird hier nicht erfüllt.

Er erfindet das Fernrohr und vergrößert damit die Fläche und die Tragkraft seines Auges; umsonst, die Sterne bleiben Pünktchen.

Nun meint er, was das Diesseits nicht gewähren kann, im Jenseits zu erlangen, seine Wißbegierde endlich dadurch zu befriedigen, daß er in den Himmel kommt und fortan alles klar erblickt, was seinen irdischen Augen hier verborgen blieb.

Er hat recht; nicht dadurch aber kommt er in den Himmel, daß er Flügel bekommt, von einem Gestirne zu dem andern oder gar in einen unsichtbaren Himmel über den sichtbaren Himmel zu fliegen; wo gab es in der Natur der Dinge dazu die Flügel; nicht dadurch lernt er den ganzen Himmel kennen, daß er nach und nach in immer neuen Geburten von einem Gestirne auf das andere getragen wird; kein Storch ist dazu da, die Kindlein von Stern zu Stern zu tragen; – nicht dadurch gewinnt sein Auge die Tragkraft für die größten himmlischen Wetten, daß es zum größten Fernrohr gemacht wird; das Prinzip des irdischen Sehens will nicht mehr reichen; – sondern dadurch gelangt er zu allem, daß er als jenseitiger bewußter Teil des großen himmlischen Wesens, das ihn trägt, an dessen Lichtverkehr mit den andern himmlischen Wesen bewußten Anteil gewinnt. Ein neues Sehen! für uns hienieden keines, weil unseres hienieden keines für den Himmel ist. Im Himmel schwebt die Erde selbst als großes Auge, ganz eingetaucht in die Lichtmeere der Gestirne und rings sich darin wendend, den Wellenschlag aller von allen Selten zu empfangen, der sich millionen- und aber millionenmal kreuzt und doch nicht stört. Mit diesem Auge wird der Mensch einst in den Himmel sehen lernen, indem der Wellenschlag seines künftigen Lebens, womit er es durchdringt, dem äußern Wellenschlag des Äthers, der es umgibt, begegnet und ihm entgegen mit feinsten Schlägen durch die Himmel dringt.

Sehen lernen! Und wie viel wird der Mensch noch nach dem Tode lernen müssen! Denn mag er doch nicht meinen, daß er der ganzen himmlischen Klarheit, wozu das Jenseits ihm die Mittel bietet, gleich beim Eintritt mächtig sein wird. Auch diesseits lernt das Kind erst sehen, hören; denn was es anfangs sieht und hört, ist unverstandener Schein, ist Schall, worin kein Sinn, zuerst sogar nur Blendung, Betäubung und Verwirrung; nichts anderes aber mag das Jenseits den neuen Sinnen des neuen Kindes anfangs bieten. Nur was der Mensch aus dem Diesseits mitbringt, den gesamten Erinnerungsnachklang alles dessen, was er diesseits getan, gedacht, gewesen, sieht er mit dem Übertritt auf einmal in sich klar erhellt, doch bleibt er damit zunächst nur, was er war. Auch meine niemand, daß die Herrlichkeit des Jenseits dem Törichten, dem Faulen, dem Schlechten anders zugute kommen wird, als daß sie ihn den Mißklang seines Wesens dazu empfinden läßt und dadurch endlich nötigt, sein Wesen umzukehren. Schon in das jetzige Leben bringt der Mensch ein Auge mit, die ganze Pracht des Himmels und der Erde zu schauen, ein Ohr, die Musik und Menschenrede zu vernehmen, einen Verstand, den Sinn von alledem zu fassen, was frommts dem Törichten, dem Faulen, dem Schlechten?

Wie das Beste und Höchste des Diesseits, ist auch das Beste und Höchste des Jenseits nur da für die Besten und Höchsten, weil selbst nur durch die Besten und Höchsten verstanden, gewollt und geschaffen.

Also mag auch erst der höhere Mensch des Jenseits das Verständnis für den bewußten Verkehr des Wesens, das ihn trägt, mit den andern himmlischen Wesen gewinnen und selbst als Werkzeug in diesen Verkehr mit eintreten.

Ob nicht endlich doch die ganze Erde, allmählich immer engere Kreise ziehend, nach Äonen von Jahren in den Schoß der Sonne zurückkehren wird, dem sie einst entronnen, und von da ein Sonnenleben aller irdischen Geschöpfe beginnen wird, wer weiß es; und wozu not, daß wir es jetzt schon wissen?

# Neuntes Kapitel

Geister der dritten Stufe werden in der irdischen Natur, von der die Menschheit selbst ein Teil ist, wohnen wie in einem gemeinschaftlichen Leibe, und alle Prozesse der Natur ihnen dasselbe sein, was uns jetzt die Prozesse unseres Leibes. Ihr Leib wird die Leiber der zweiten Lebensstufe umfangen als eine gemeinschaftliche Mutter, gleichwie die Leiber der zweiten Stufe die der ersten umfangen.

Nur das aber hat jeder Geist dritter Stufe von dem allen gemeinsamen Leibe als seinen ihm eigenen Teil, was er im irdischen Reiche fortentwickelt, fortgebildet hat. Was in der Welt durch eines Menschen Dasein anders geworden, als wäre er nicht dagewesen, ist sein ferneres Dasein auf der gemeinsamen Wurzel alles Daseins.

Zum Teil sinds feste Einrichtungen und Werke, zum Teil fortlaufende in sich kreisende und auf sich zurückschlagende Wirkungen, wie auch der jetzige Leib aus Festem und aus Veränderlichem, was an dem Festen seinen Anhalt hat, besteht.

Nun greifen aber alle Daseinskreise, welche das Leben der jenseitigen Geister tragen, durcheinander, und du fragst, wie ist es möglich, daß so unzählige sich kreuzen, ohne sich zu stören, zu irren, zu verwirren.

Frage doch erst, wie ist es möglich, daß unzählige Wellenkreise sich in demselben Teiche kreuzen, daß unzählige Schallwellen sich in derselben Luft kreuzen, daß unzählige Lichtwellen sich in demselben Äther kreuzen, daß unzählige Erinnerungswellen sich in demselben Haupte kreuzen, daß endlich die unzähligen Lebenskreise der Menschen, welche ihr Jenseits tragen, sich schon diesseits kreuzen, ohne sich zu stören, zu irren und zu verwirren. Vielmehr kommt nur dadurch ein höheres Leben und Weben der Wellen, der Erinnerungen, der diesseitig und endlich der jenseitig Lebenden zustande.

Was aber scheidet die Bewußtseinskreise, die sich kreuzen?

Nichts scheidet sie in irgendwelchen Einzelheiten, worin sie sich kreuzen; sie haben alles einzelne gemein; ein jeder hat es nur in anderen Beziehungen als der andere; das scheidet sie im ganzen und unterscheidet sie in höhern Einzelheiten. Frage wieder, was Wellenkreise, die sich kreuzen, unterscheidet oder scheidet; einzeln nichts, doch unterscheidest du sie leicht selbst äußerlich im ganzen; noch leichter werden sich Kreise, die innerlich selbst bewußt sind, auch innerlich selbst unterscheiden.

Vielleicht schon manchmal hast du aus einem fernen Weltteil einen Brief empfangen, gekreuzt beschrieben nach Länge und nach Quere. Was läßt dich beide Schriften unterscheiden? Nur der Zusammenhang, den jede in sich selber hat. So kreuzen sich die geistigen Schriften, womit das Blatt der Welt beschrieben ist; und jede liest sich selbst, als hätte sie den Platz allein, und liest zugleich die andern als solche, die sie kreuzen. Nicht bloß zwei Schriften freilich, unzählige kreuzen sich in der Welt; der Brief ist aber auch nur ein schwaches Bild der Welt.

Wie aber kann das Bewußtsein seine Einheit in so großer Verbreitung seiner Unterlage noch bewahren, wie vor dem Gesetz der Schwelle des Bewußtseins noch bestehn?[5]

Frag erst, wie es seine Einheit in der kleineren Ausbreitung des Leibes bewahren kann, deren Fortsetzung die große doch nur ist. Ist denn dein Leib, ist dein Gehirn ein Punkt? Oder gibt es einen Mittelpunkt darin als Sitz der Seele? Nein.[6] Wie's jetzt der Seele Wesen ist, den kleinen Zusammenhang deines Leibes zu knüpfen, wirds künftig ihr Wesen sein, den größeren des größeren Leibes zu knüpfen. Gottes Geist knüpft sogar den ganzen Zusammenhang der

---

[5] Dies erfahrungsmäßige Gesetz der Beziehung zwischen Leib und Seele besteht darin, daß das Bewußtsein überall erlischt, wenn die leibliche Tätigkeit, woran es hängt, unter einen gewissen Grad der Stärke, den man die Schwelle nennt, sinkt. Nach Maßgabe nun, als sie sich mehr ausbreitet, kann sie auch leichter durch die damit eintretende Schwächung darunter sinken. Wie das ganze Bewußtsein seine Schwelle hat, welche die Scheide zwischen Schlaf und Wachen des ganzen Menschen bildet, so auch alles Besondere im Bewußtsein, worauf es beruht, daß während des Wachens bald dies bald das im Bewußtsein auftaucht oder erlischt, je nachdem die besondere Tätigkeit, woran es hängt, die Sonderschwelle übersteigt oder darunter sinkt. Vergl. Elemente der Psychophysik Kap. 10. 38. 39 und 42.

[6] Vergl. hierüber Elemente der Psychophysik, Kap. 37, und Atomenlehre Kap. 26.

Welt; – oder wolltest du auch Gott in einem Punkte suchen? – Du wirst im Jenseits an seiner Allgegenwart nur größern Teil gewinnen.

Sorgst du aber, daß die Welle deines künftigen Lebens in ihrer Ausbreitung nicht mehr an die Schwelle reiche, die sie diesseits übersteigt, so denke auch daran, daß sie sich nicht in eine leere Welt hinein verbreitet, da sänke sie wohl rettungslos in den Abgrund, sondern in eine Welt, welche als ewiger Unterbau Gottes zugleich dem Deinigen sich unterbaut; denn nur auf Grund des göttlichen Lebens vermag die Kreatur überhaupt zu leben.[7]

So kann der Zaunkönig auf dem Rücken des Adlers leicht einen Berggipfel überfliegen, wozu er für sich zu schwach wäre, und endlich von dem Rücken des Adlers aus den allgemeinen Flug desselben noch ein Stücklein überfliegen. Gottes aber ist der große Adler wie das kleine Vöglein.

Wie aber kann der Mensch nach dem Tode des Leibes, des Gehirnes missen, des so kunstvoll gebauten, das jede Regung seines Geistes trug, das von den Regungen des Geistes noch weiter ausgebaut solche in immer größerer Kraft und Fülle trug. War es umsonst gebaut?

Frage die Pflanze, wie sie des Samenkornes missen kann, wenn sie dasselbe sprengt, ins Licht zu wachsen, des so kunstvoll gebauten, was durch Treiben des innern Keimes sich noch weiter in sich selber ausgebaut. War es umsonst gebaut?

---

[7] Um nicht einen scheinbaren Widerspruch der obigen Betrachtung mit der psychophysischen Lehre von der Mischungsschwelle (worüber das Erläuterndste in Wundts philos. Stud. IV, S. 204 und 211) bestehen zu lassen, folgende Bemerkung: wenn die aus Komponenten mannigfachster Art zusammengesetzte psychophysische Lebenswelle des Menschen, um diesen kurzen Ausdruck fortzubrauchen, sich in eine Welt hineinverbreitete, die nur andersartige Komponenten enthielte, so würde freilich anzunehmen sein, daß sie durch ihre Ausbreitung unter die, hier in Betracht kommende, Mischungsschwelle fiele. Da aber das psychophysische Wellenmeer der Welt unter seinen übrigen Komponenten auch solche enthält, welche mit denen der Lebenswelle des Menschen gleichartig sind, und zwar von verschiedenster Hohe oder Intensität, also auch solche, welche die Mischungsschwelle schon übersteigen oder derselben nahe sind, und durch die zutretenden gleichartigen nur um so mehr gesteigert werden, so stellt sich das Resultat der obigen Betrachtung nur auf etwas gründlicherem Wege wieder her.

Doch wo ist draußen ein gleich kunstvoller Bau, wie dein Gehirn, der es im Jenseits ersetzte, und wo gar einer, der es überböte, doch soll das Jenseits ja das Diesseits überbieten.

Aber ist nicht schon dein ganzer Leib ein größerer und höherer Bau, als Auge, Ohr, Gehirn, nicht über jedem Teil? – So und unsagbar mehr überbietet die Welt, wovon die Menschheit mit Staat, mit Wissenschaft, mit Kunst und mit Verkehr nur ein Teil ist, dein kleines Hirn, den Teil von diesem Teil. Sieh nur, willst du zu einer höhern Ansicht dich erheben, in der Erde nicht bloß noch einen Ball aus trocknem Erdreich, Wasser, Luft; sie ist ein größeres und höheres einheitliches Geschöpf als du, ein himmlisches Geschöpf, mit wunderbarerm Leben und Weben in ihrem Oberraum, als du in deinem kleinen Gehirn trägst, womit du nur ein Winziges zu ihrem Leben beiträgst. Umsonst wirst du von einem Leben nach dir träumen, wenn du das Leben um dich nicht zu erkennen weißt.

Was sieht der Anatom, wenn er in das Gehirn des Menschen blickt? ein Gewirr von weißen Fasern, dessen Sinn er nicht enträtseln kann. Und was siehts in sich selbst? eine Welt von Licht, Tönen, Gedanken, Erinnerungen, Phantasien, Empfindungen von Liebe und von Haß. So denke dir das Verhältnis dessen, was du, äußerlich der Welt gegenüberstehend, in ihr siehst, und was sie in sich selbst sieht, und verlange nicht, daß beides, das Äußere und Innere, sich im ganzen der Welt mehr ähnlich sehe, als in dir, der nur ihr Teil. Und nur daß du ein Teil von dieser Welt bist, läßt dich auch einen Teil von dem, was sie in sich sieht, in dir sehen.

Und fragst du endlich etwa noch, was unsern weitern Leib, den wir so nennen, erst jenseits erwachen läßt, nachdem wir ihn doch schon diesseits ins irdische Reich hinausgetrieben, und er schon jetzt die Fortsetzung unsers engern Leibes ist?

Das selbst, daß dieser engere einschläft, ja vergeht. Nichts als ein Fall derselben allgemeinen Regel, die durchs ganze Diesseits reicht, Beweis, daß sie auch noch darüber hinaus reicht. Du Zweifler willst ja immer nur vom Diesseits schließen, also schließe.

Die lebendige Kraft des Bewußtseins entsteht nie wahrhaft neu, geht niemals unter, sondern kann wie die des Körpers, worauf sie ruht, nur ihre Stelle, Form, Verbreitungsweise zeitlich und räumlich wechseln, heut oder hier nur sinken, um morgen oder anderwärts zu steigen, heut oder hier nur steigen, um morgen oder anderwärts zu sinken.[8] Damit das Auge wache, du mit Bewußtsein sehest, mußt du das Ohr in Schlaf senken, damit die innere Gedankenwelt erwache, die äußern Sinne schlafen lassen; ein Schmerz am kleinsten Punkt kann das Bewußtsein deiner Seele ganz erschöpfen. Je mehr sich das Licht der Aufmerksamkeit zerstreut, so schwächer wird das Einzelne davon erleuchtet, je heller es auf einen Punkt trifft, so mehr ins Dunkel treten alle andern, auf etwas reflektieren, heißt von anderm abstrahieren. Dein Wachsein heut verdankst du deinem Schlaf seit gestern, je tiefer du heut einschläfst, so munterer wirst du morgen erwachen, und je munterer du gewacht hast, so tiefer wirst du schlafen.

Nun aber schläft der Mensch diesseits im Grunde stets nur einen halben Schlaf, der den *alten* Menschen wieder erwachen läßt, weil noch der alte da ist: erst im Tode den vollen Schlaf, der einen neuen erwachen läßt, weil der alte nicht mehr da ist; doch die alte Regel ist noch da, die einen Ersatz des alten Bewußtseins fordert, und dazu der neue Leib als Fortsetzung des alten; also wird auch ein neues Bewußtsein da sein als Ersatz und Fortsetzung des alten.

Als Fortsetzung des alten! Denn was den Leib des Greisen noch die Fortsetzung desselben Bewußtseins tragen läßt, welches der Leib des Kindes trug, von dem er kein Atom mehr hat, wird auch den Leib des Jenseits noch dasselbe Bewußtsein tragen lassen, was der Leib des Greisen trug, von dem er kein Atom mehr hat. Das ists, daß jeder folgende die Fortwirkung dessen, der das frühere Bewußtsein trug, in sich aufgehoben hält und dadurch gebaut ist. Also ist es ein Prinzip, welches das diesseitige Leben von Heute in Morgen und vom Diesseits ins Jenseits sich fortsetzen läßt. Und kann es

---

[8] Unstreitig hängt dies, dem sog. Gesetze der Erhaltung der Kraft im Körpergebiete analoge, Gesetz auch mit demselben durch die Grundbeziehung des Geistigen zum Körperlichen irgendwie zusammen, ohne daß dieser Zusammenhang schon klargestellt ist, oder das Gesetz der Erhaltung der Bewußtseinskraft schon psychophysisch aus dem Gesetz der Erhaltung der Körperkraft ableitbar wäre, solange das Grundwesen der psychophysischen Tätigkeit selbst nicht klargestellt ist. Das Gesetz muß also für sich aus Tatsachen, wie sie oben folgen, gefolgert werden; und gewinnt, ohne exakt in voller Allgemeinheit bewiesen zu sein, doch eine Wahrscheinlichkeit dadurch, die es geeignet macht, Aperçus, wie die, um die es sich hier handelt, zugrunde gelegt zu werden.

ein anderes als ewiges Prinzip der ewigen Forterhaltung des Menschen geben?

Und so frage auch nicht: was machts, daß Wirkungen, die du diesseits in die Außenwelt gezeugt, die über dich hinaus sind, dir mehr als irgendwelche andere, die über dich hinaus sind, noch zugehören sollen. Das machts, daß jene vielmehr als diese von dir ausgegangen. Jede Ursache behält ihre Folgen als ewiges Eigentum. Im Grunde aber waren deine Folgen nie über dich hinausgegangen; sie bildeten schon diesseits die unbewußte, nur des Erwachens zu neuem Bewußtsein harrende Fortsetzung deines Wesens.

So wenig ein Mensch je sterben kann, der einmal gelebt, könnte er je zum Leben erwacht sein, hätte er nicht vorher gelebt, nur daß er vorher nicht für sich gelebt. Das Bewußtsein, womit das Kind bei der Geburt erwacht, ist nur ein Teil des ewig dagewesenen allgemeinen göttlichen Bewußtseins, das sich in der neuen Seele für sich zusammengenommen. Wir können freilich die lebendige Bewußtseinskraft so wenig durch alle Wege und Wandlungen verfolgen, als die lebendige Körperkraft.

Sorgst du aber, das menschliche Bewußtsein werde, weil aus dem Allgemeinbewußtsein herausgeboren, auch wieder in ihm verfließen, so sieh den Baum an. Es hat lange Jahre gedauert, ehe die Zweige aus dem Stamme kamen; einmal gekommen, gehen sie nicht wieder in ihm unter. Wie wollte der Baum wachsen und sich entwickeln, wenn es geschähe, auch der Lebensbaum der Welt aber will wachsen und sich entwickeln.

Nach allem ist das die große Kunst des Schlusses vom Diesseits auf das Jenseits, nicht von Gründen, die wir nicht kennen, noch von Voraussetzungen, die wir machen, sondern von Tatsachen, die wir kennen, auf die größern und höhern Tatsachen des Jenseits zu schließen, und dadurch den praktisch geforderten, an höheren Gesichtspunkten hängenden Glauben von untenher zu festigen, zu stützen und mit dem Leben in lebendigen Bezug zu setzen. Ja, brauchten wir den Glauben nicht, wozu ihn stützen; doch wie ihn brauchen, hätte er keine Stütze.

# Zehntes Kapitel

Des Menschen Seele ist durch seinen ganzen Leib ergossen, alsbald zerfällt er, wenn sie von ihm weicht; doch ihr Bewußtseinslicht ist bald hier bald da.[9] Nur eben sahen wirs im engen Leibe hin und wider wandern, wechselnd dem Aug, dem Ohr, dem innern und dem äußern Sinn zu leuchten, um endlich im Tode ganz darüber hinaus zu wandern, wie der, dessen kleines Haus zerstört wird, worin er lange hin und her gegangen, auf immer in die Weite zieht und eine neue Wanderung beginnt. Der Tod setzt keine andere Scheide zwischen beiden Leben, als daß er den engen Schauplatz der Wanderung mit dem weiteren vertauschen läßt. Und so wenig in dem jetzigen Leben das Bewußtseinslicht immer und überall zugleich ist, wo es nacheinander sein und wohin es sich zerstreuen kann, wird es im künftigen Leben sein. Der Schauplatz der Wanderung ist nur unsäglich größer, die mögliche Verbreitung weiter, die Wege freier und die Aussichtspunkte höher, alle niederen des Diesseits unter sich begreifend.

Selbst schon im jetzigen Leben aber sehen wir ausnahmsweise, in seltenen Fällen, das Bewußtseinslicht aus dem engeren Leibe in den weiteren wandern und wieder heimkehren, Nachricht bringend von dem, was in fernem Raume oder, in dessen weiten Zusammenhängen wurzelnd, in ferner Zeit geschieht; denn die Länge der Zukunft fußt auf der Breite der Gegenwart, plötzlich öffnet sich eine Spalte in der sonst immer verschlossenen Tür zwischen Diesseits und Jenseits, um schnell sich wieder zu schließen, der Tür, die im Tode sich ganz öffnen wird, und erst da sich öffnen soll, um nie mehr sich zu

---

[9] Mit wissenschaftlichem Ausdrucke wird man sagen können: das Bewußtsein ist überall da und wach, wenn und wo die der geistigen unterliegende leibliche, sogenannte psychophysische Tätigkeit jenen Grad der Stärke, den man die Schwelle nennt, übersteigt. (Vgl. S. 44 Anmerk.) Hiernach kann das Bewußtsein in Zeit und Raum lokalisiert werden. Der Gipfel der Welle unserer psychophysischen Tätigkeit schwankt gleichsam von einem Orte zum andern, womit das Bewußtseinslicht seine Stelle wechselt, nur daß er während des diesseitigen Lebens immer bloß innerhalb unseres Leibes, ja eines beschränkten Teils dieses Leibes, hin und wider schwankt und im Schlafe ganz unter die Schwelle sinkt, über die er im Wachen wieder aufsteigt. Hierüber vgl. Elemente der Psychophypsik II, Kap. 40 und 41.

schließen. Auch frommts nicht, vorher durch die Spalte nur zu schauen. Doch die Ausnahme von der diesseitigen Lebensregel ist nur ein Fall der größeren Lebensregel, welche Diesseits und Jenseits zugleich umfaßt.

Es kommt vor, daß der engere Leib nach einer Seite tief genug einschläft, um nach anderer über seine Grenzen hinaus in ungewohnter Weise zu erwachen, und doch nicht so ganz und tief, um nie mehr zu erwachen. Oder im weiteren Leibe wird ein Punkt so ungewöhnlich stark erregt, um in den engeren hinein eine die Schwelle übersteigende Wirkung aus einer sonst unzugänglichen Ferne zu erstrecken. Damit beginnen die Wunder des Hellgesichts, der Ahnungen, der vorbedeutenden Träume; lauter Fabeln, wenn der jenseitige Leib und das jenseitige Leben Fabeln sind; sonst Zeichen des einen und Vorzeichen des andern; was aber Zeichen hat, ist da, und was Vorzeichen hat, wird kommen.

Doch sind es keine Zeichen diesseitigen gesunden Lebens. Das Diesseits hat den Leib des Jenseits nur für das Jenseits zu bauen, nicht schon mit dessen Auge und Ohr zu sehen und zu hören. Die Blüte gedeiht nicht, die man vor der Zeit aufbricht. Und ob man den Glauben an das Jenseits durch den Glauben an diese Spuren seines Hineinleuchtens in das Diesseits *unterstützen* kann, so soll man ihn doch nicht darauf *bauen*. Der gesunde Glaube baut sich auf Gründen und schließt sich ab in höchsten Gesichtspunkten des gesunden Lebens, indem er selbst zu seiner Gesundheit und zum Abschluß seiner höchsten Gesichtspunkte gehört.

Du hattest seither gemeint, die leichte Gestalt, in der ein Verstorbener dir in der Erinnerung erscheint, sei bloß dein innerer Schein. Du irrst; er selbst leibhaftig ists, der in bewußtem Gange damit nicht bloß zu dir, sondern in dich eintritt. Die frühere Gestalt ist noch sein Seelenkleid; nur nicht mehr beschwert mit seinem frühern festen Leibe und träge mit ihm wandelnd, sondern durchsichtig, leicht, der irdischen Last entkleidet, im Momente jetzt hier jetzt da, dem Rufe jedes folgend, der den Toten ruft oder von selber sich dir stellend, dann mußt du des Toten denken. Auch hat man sich ja immer die jenseitige Erscheinung der Seelen so leicht, so körperlos, so unabhängig von des Raumes Schranken gedacht, und damit, das Rechte zwar nicht meinend, das Rechte doch getroffen.

Auch hörtest du wohl von Geistererscheinungen sprechen. Den Ärzten heißen sie Phantasmen, Halluzinationen. Sie sind es auch für die Lebenden, doch zugleich wirkliche Erscheinungen der Toten, die wir so nennen. Denn wenn schon die schwächern Erinnerungsgestalten in uns es sind, wie sollten es die soviel stärkeren entsprechenden Erscheinungen nicht sein. Warum also noch streiten, ob sie das eine oder andere sind, wenn sie zugleich das eine und das andere sind. Und warum dich künftig noch vor Geistererscheinungen fürchten, wenn du dich vor den Erinnerungsgestalten in dir, die es schon sind, nicht fürchtest.

Doch ganz fehlt nicht der Grund dazu. Ungleich den von dir selbst gerufenen, oder in den Zusammenhang deines innern Lebens von selbst leise und friedlich eintretenden, hilfreich daran mit fortspinnenden Gestalten kommen sie ungerufen, überkommen dich mit nicht abwehrbarer Stärke, scheinbar vor dich, wirklich in dich tretend, am Gewebe deines innern Lebens vielmehr zausend als fortspinnend. Ein krankhaft Wesen zugleich des Diesseits und des Jenseits. So sollen Tote mit Lebenden nicht verkehren. Es ist schon halber Tod des Lebenden, die Toten annähernd so deutlich, so objektiv zu schauen, wie sie sich untereinander schauen mögen, darum das Grausen der Lebendigen vor solcher Erscheinung der Toten; es ist zugleich ein halbes Zurückversinken der Toten aus dem Reiche über dem Tode in das Reich unter dem Tode; daher die Sage – und ob nicht mehr als Sage? – daß nur Geister umgehen, die nicht ganz erlöst sind, die noch mit einer schweren Kette an dem Diesseits hängen. Den Unseligen zu scheuchen, ruf einen bessern und stärkeren Geist zu Hilfe; der beste und stärkste aber ist der Geist ob allen Geistern. Wer hat in seinem Schutz dir etwas an! Auch dazu stimmt die Sage, daß vor dem Anruf Gottes jeder böse Geist weicht.

Inzwischen droht in diesem Gebiete geistiger Krankheit, der Glaube selbst zum Aberglauben zu erkranken. Am einfachsten, sich vor dem Kommen von Gespenstern zu bewahren, bleibts immer, an ihr Kommen nicht zu glauben; denn glauben, daß sie kommen, heißt schon, ihnen auf halbem Wege entgegenkommen.

Wie sie einander selbst erscheinen mögen, sagt ich. Denn dieselbe Erscheinung, die wider die Ordnung des Diesseits ist, ist nur vorweggenommen aus der Ordnung des Jenseits. Licht, voll, klar und objektiv werden die Bewohner des Jenseits einander in der Gestalt erscheinen, wovon wir nur einen schwachen Abklang, eine dämmernde Umrißzeichnung in der Erinnerung an sie haben, weil sie einander mit dem ganzen vollen Wesen durchdringen, wovon nur ein kleiner Teil in jeden von uns bei der Erinnerung an sie eindringt. Nur daß es jenseits wie diesseits der auf die Erscheinung gerichteten Aufmerksamkeit bedürfen wird, um sie zu haben.

Nun mag man immer fragen: wie ist es möglich, daß, die sich so durchdringen, sich doch so gegenständlich und begrenzt erscheinen. Aber frage erst, wie ist es möglich, daß, was als Erscheinung eines Lebenden in dich eingeht und in der Erinnerung an einen Toten dein Gehirn durchdringt – und anders nichts liegt deiner Seele vor, darauf zu fußen –, dir als Anschauung doch objektiv, als Erinnerung noch begrenzt erscheint. Die selbst nicht mehr begrenzte Wirkung, die der Erinnerung unterliegt, spiegelt dir doch noch die Begrenzung der Gestalt, wovon sie anfangs ausgegangen, vor. Du weißt vom Diesseits nicht, warum, wie kannst du es vom Jenseits wissen wollen.

Und so sage ich wieder: schließe nicht von Gründen des Diesseits, die du nicht kennst, noch von Voraussetzungen, die du machst, sondern von Tatsachen des Diesseits, die du kennst, auf die größeren und höheren Tatsachen des Jenseits. Der einzelne Schluß kann irren, auch der, den wir nur eben machten; also hefte dich an keine Einzelheit; der Zusammenschluß der Schlüsse in Richtung dessen, was wir vor allem Schluß und über allem Schluß zu fordern haben, wird unsers Glaubens beste Stütze von unten und Führung nach oben sein.

Faßtest du aber den Glauben gleich recht von oben, leicht fiele dir der ganze Glaubensweg herunter, den wir herauf genommen.

# Elftes Kapitel

Ja wie leicht wäre alles für den Glauben, könnte der Mensch sich nur gewöhnen, in dem Wort, womit er seit mehr als tausend Jahren spielt, daß er in Gott lebt und webt und ist, mehr als ein Wort zu sehen. Dann ist der Glaube an Gottes und sein eigenes ewiges Leben nur *einer*, er sieht sein eigenes ewiges Leben zum ewigen Leben Gottes selbst gehörig, und in der Höhe seines künftigen über seinem jetzigen Leben nur einen höhern Aufbau über einem niedern in Gott, wie er selbst schon solchen in sich hat; er faßt am kleinen Beispiel das Höhere und im Zusammenhange beider das Ganze, wovon er nur der Teil.

Die Anschauung in dir zerrinnt, und die Erinnerung steigt daraus in dir auf; dein ganzes diesseitiges Anschauungsleben in Gott zerrinnt, und ein höheres Erinnerungsleben steigt daraus in Gott auf; und wie die Erinnerungen in deinem Haupte, verkehren die Geister des Jenseits im göttlichen Haupte. Nur eine Stufe über der Stufe derselben Treppe, die nicht zu Gott, sondern in Gott aufwärts führt, der in sich zugleich den Grund und Gipfel hat. Wie leer war Gott mit jenem leer gedachten Worte, wie reich ist Gott mit seinem vollen Sinne.

Weißt du denn, wie das Jenseits der Anschauungen in deinem Geiste möglich ist? Du weißt nur, daß es wirklich ist; doch nur in einem Geiste ist es möglich. Also kannst du auch leicht, unwissend wie es möglich ist, an die Wirklichkeit eines Jenseits deines ganzen Geistes in einem höhern Geiste glauben; du mußt nur glauben, daß ein höherer Geist ist und daß du in ihm bist.

Und wieder: wie leicht wäre alles für den Glauben, wenn der Mensch sich gewöhnen könnte, eine Wahrheit in dem zweiten Worte zu sehen, daß Gott in allem lebt und webt und ist. Dann ist es nicht eine tote, sondern eine durch Gott lebendige Welt, aus welcher der Mensch sich seinen künftigen Leib erbaut und damit ein neues Haus in Gottes Haus hineinbaut.

Wenn aber wird dieser lebendig machende Glaube lebendig werden?

Daß er lebendig macht, wird ihn lebendig machen.

# Zwölftes Kapitel

Du fragest nach dem Ob; ich antwortete mit dem Wie. Der Glaube erspart die Frage des Ob; doch wird sie getan, so gibt es nur die eine Antwort darauf durch das Wie; und solange das Wie nicht fest steht, wird das Ob nicht aufhören zu gehen und zu kommen.

Hier steht der Baum, manch einzeln Blatt davon mag fallen; doch sein Grund und sein Zusammenhang ist fest und gut. Er wird immer neue Zweige treiben, und immer neue Blätter werden fallen; er selbst wird nicht mehr fallen; wird Blüten der Schönheit treiben, und statt im Glauben zu wurzeln, Früchte des Glaubens tragen.

# Nachschrift

Die erste Anregung zu der in dieser Schrift ausgeführten Idee, daß die Geister der Gestorbenen als Individuen in den Lebenden fortexistieren, ward mir durch eine Unterredung mit meinem, damals in Leipzig, jetzt in Halle lebenden Freunde, Professor Billroth. Indem diese Idee in eine Reihe verwandter Vorstellungen bei mir teils eingriff, teils solche erweckte, hat sich dieselbe auf vorstehende Weise gestaltet und durch eine Art notwendigen Fortschritts zur Idee eines höhern Lebens der Geister in Gott erweitert. Inzwischen hat der Urheber derselben, wie in der Religionsphilosophie überhaupt, so namentlich in der Unsterblichkeitslehre, eine von der hier verfolgten ganz verschiedene und sich direkter an das kirchliche Dogma anschließende Richtung genommen, welche ihn sogar von jener Grundidee großenteils oder ganz wieder abgeführt hat, daher ich, indem ich ihn als Schöpfer derselben glaubte bezeichnen zu müssen, doch nicht mehr als ihren Vertreter zu nennen wage. Die eigenen Ansichten dieses Philosophen über den betreffenden Gegenstand wird man in einem, demnächst von demselben zu erwartenden, Werke entwickelt finden.

## Über tredition

### Eigenes Buch veröffentlichen

tredition wurde 2006 in Hamburg gegründet und hat seither mehrere tausend Buchtitel veröffentlicht. Autoren veröffentlichen in wenigen leichten Schritten gedruckte Bücher, e-Books und audio-Books. tredition hat das Ziel, die beste und fairste Veröffentlichungsmöglichkeit für Autoren zu bieten.

tredition wurde mit der Erkenntnis gegründet, dass nur etwa jedes 200. bei Verlagen eingereichte Manuskript veröffentlicht wird. Dabei hat jedes Buch seinen Markt, also seine Leser. tredition sorgt dafür, dass für jedes Buch die Leserschaft auch erreicht wird.

Im einzigartigen Literatur-Netzwerk von tredition bieten zahlreiche Literatur-Partner (das sind Lektoren, Übersetzer, Hörbuchsprecher und Illustratoren) ihre Dienstleistung an, um Manuskripte zu verbessern oder die Vielfalt zu erhöhen. Autoren vereinbaren direkt mit den Literatur-Partnern die Konditionen ihrer Zusammenarbeit und partizipieren gemeinsam am Erfolg des Buches.

Das gesamte Verlagsprogramm von tredition ist bei allen stationären Buchhandlungen und Online-Buchhändlern wie z. B. Amazon erhältlich. e-Books stehen bei den führenden Online-Portalen (z. B. iBookstore von Apple oder Kindle von Amazon) zum Verkauf.

Einfach leicht ein Buch veröffentlichen: **www.tredition.de**

## Eigene Buchreihe oder eigenen Verlag gründen

Seit 2009 bietet tredition sein Verlagskonzept auch als sogenanntes "White-Label" an. Das bedeutet, dass andere Unternehmen, Institutionen und Personen risikofrei und unkompliziert selbst zum Herausgeber von Büchern und Buchreihen unter eigener Marke werden können. tredition übernimmt dabei das komplette Herstellungs- und Distributionsrisiko.

Zahlreiche Zeitschriften-, Zeitungs- und Buchverlage, Universitäten, Forschungseinrichtungen u.v.m. nutzen diese Dienstleistung von tredition, um unter eigener Marke ohne Risiko Bücher zu verlegen.

Alle Informationen im Internet: **www.tredition.de/fuer-verlage**

tredition wurde mit mehreren Innovationspreisen ausgezeichnet, u. a. mit dem Webfuture Award und dem Innovationspreis der Buch Digitale.

tredition ist Mitglied im Börsenverein des Deutschen Buchhandels.

## Dieses Werk elektronisch lesen

Dieses Werk ist Teil der Gutenberg-DE Edition DVD. Diese enthält das komplette Archiv des Projekt Gutenberg-DE. Die DVD ist im Internet erhältlich auf **http://gutenbergshop.abc.de**

Zeitfracht Medien GmbH
Ferdinand-Jühlke-Straße 7
99095 Erfurt, Deutschland
produktsicherheit@kolibri360.de

Tucholsky   Wagner   Zola   Scott
Turgenev   Wallace   Fonatne Sydow   Freud   Schlegel
Twain   Walther von der Vogelweide   Fouqué   Friedrich II. von Preußen
Weber   Freiligrath   Frey
Fechner   Fichte   Weiße Rose   von Fallersleben   Kant   Ernst   Frommel
Engels   Fielding   Hölderlin   Richthofen
Fehrs   Faber   Flaubert   Eichendorff   Tacitus   Dumas
Feuerbach   Maximilian I. von Habsburg   Fock   Eliasberg   Zweig   Ebner Eschenbach
Ewald   Eliot   Vergil
Goethe   Elisabeth von Österreich   London
Mendelssohn   Balzac   Shakespeare   Dostojewski   Ganghofer
Trackl   Lichtenberg   Rathenau   Doyle   Gjellerup
Mommsen   Stevenson   Tolstoi   Hambruch
Thoma   Lenz   Hanrieder   Droste-Hülshoff
Dach   Verne   von Arnim   Hägele   Hauff   Humboldt
Karrillon   Reuter   Rousseau   Hagen   Hauptmann   Gautier
Garschin   Defoe   Hebbel   Baudelaire
Damaschke   Descartes   Hegel   Kussmaul   Herder
Wolfram von Eschenbach   Darwin   Dickens   Schopenhauer   Rilke   George
Bronner   Melville   Grimm Jerome
Campe   Horváth   Aristoteles   Bebel   Proust
Bismarck   Vigny   Barlach   Voltaire   Federer   Herodot
Gengenbach   Heine
Storm   Casanova   Tersteegen   Gilm   Grillparzer   Georgy
Brentano   Chamberlain   Lessing   Langbein   Gryphius
Strachwitz   Claudius   Schiller   Lafontaine   Iffland   Sokrates
Katharina II. von Rußland   Bellamy   Schilling   Kralik
Gerstäcker   Raabe   Gibbon   Tschechow
Löns   Hesse   Hoffmann   Gogol   Wilde   Vulpius
Luther   Heym   Hofmannsthal   Gleim
Roth   Heyse   Klopstock   Klee   Hölty   Morgenstern   Goedicke
Luxemburg   Puschkin   Homer   Kleist
Machiavelli   La Roche   Horaz   Mörike   Musil
Navarra   Aurel   Musset   Kierkegaard   Kraft   Kraus
Nestroy   Marie de France   Lamprecht   Kind   Kirchhoff   Hugo   Moltke
Laotse   Ipsen   Liebknecht
Nietzsche   Nansen   Marx   Lassalle   Gorki   Klett   Ringelnatz
von Ossietzky   May   vom Stein   Lawrence   Leibniz   Irving
Petalozzi   Platon   Knigge
Sachs   Poe   Pückler   Michelangelo   Kock   Kafka
de Sade   Praetorius   Mistral   Liebermann   Korolenko
Zetkin